中国乡村高等教育的溯源与发展研究

赵飞飞 著

新华出版社

图书在版编目（CIP）数据

中国乡村高等教育的溯源与发展研究 / 赵飞飞著

北京：新华出版社，2022.10

ISBN 978-7-5166-6523-7

Ⅰ.①中… Ⅱ.①赵… Ⅲ.①乡村教育－高等教育－

研究－中国 Ⅳ.①G649.2

中国版本图书馆CIP数据核字(2022)第207294号

中国乡村高等教育的溯源与发展研究

作　　者：赵飞飞

责任编辑：董朝合　　　　　　　　　　封面设计：优盛文化

出版发行：新华出版社

地　　址：北京石景山区京原路8号　　　邮　　编：100040

网　　址：http://www.xinhuapub.com

经　　销：新华书店、新华出版社天猫旗舰店、京东旗舰店及各大网店

购书热线：010-63077122　　　　　　中国新闻书店购书热线：010-63072012

照　　排：优盛文化

印　　刷：石家庄汇展印刷有限公司

成品尺寸：170mm×240mm

印　　张：12.25　　　　　　　　　　字　　数：210千字

版　　次：2023年1月第一版　　　　　印　　次：2023年1月第一次印刷

书　　号：ISBN 978-7-5166-6523-7

定　　价：78.00元

前　言

高等教育作为培养高层次人才的社会活动，与人和社会的发展有着相当密切的联系。高等教育是社会大系统中的一个极其重要的子系统，它与经济、政治、文化等子系统之间有着相互依存的关系。同时，高等教育本身也是一个多阶段、多类型、多主体的系统。高等教育院校内部各组织之间关系错综复杂，与社会的方方面面都有着千丝万缕的联系。因此，高等教育对社会及个人的影响力巨大，社会变革对高等教育的影响也从来没有像今天这样深刻。

乡村现代化和高等教育大众化都是中国社会主义现代化的组成部分。实现乡村现代化建设，需要大批高等教育人才，高等教育大众化需要在广袤的乡村土地上解决毕业生就业问题。因此，将二者结合起来，发展乡村高等教育是实现中国现代化的必由之路。完善乡村高等教育体系已成为促进国家科技复兴、经济发展、政治民主和文化繁荣的必要前提。由于高等教育对社会和个体都产生了巨大影响，因此发展乡村高等教育不仅是提高个人素质、开发个人潜能的重要基础，也是促进乡村社会流动，实现乡村人才人生价值的最重要途径。

本书以中国乡村高等教育的溯源与发展为主要研究内容，一共分为七章。第一章对乡村教育相关概念进行了界定；第二章对高等教育与乡村教育的显性联结、高等教育与乡村教育的隐性联结进行了基础性阐述；第三章论述了中国乡村教育思潮运动发展的历史背景；第四章对高等教育通向乡村的起点进行了阐述，并总结了可借鉴的经验；第五章以高等教育通向乡村的探索为切入点，深入分析解读了中国乡村高等教育的探索方式；第六章以乡村高等教育的拓展为论述内容；第七章针对中国乡村高等教育发展的展望研究做进一步的论述。

因时间和精力有限，内容中难免有不足之处，恳请广大读者和专家学者予以指点与斧正。

目 录

第一章 中国乡村教育

我国是农业大国，乡村教育可谓是中国教育的"神经末梢"，也是乡村振兴战略的重要支点。要把乡村教育办成"在乡村""富乡村""为农民"的教育，需要政府相关部门和全体教育工作者时刻不忘肩头的责任，满怀信心、奋进拼搏、攻坚克难、开拓创新。2015年，我国颁布《乡村教师支持计划（2015—2020年）》，其中指出："发展乡村教育，帮助乡村孩子学习成才，阻止贫困现象代际传递，是功在当代、利在千秋的大事。"站在"两个一百年"奋斗目标交汇点上，乡村教育作为社会主义新时代国家发展的重要议题，引起了社会的广泛关注。

本章将介绍乡村教育的概念和特征，并对乡村教育的发展进行简单介绍，重点对乡村教育的价值取向进行剖析，为引导乡村教育的发展奠定知识基础。

第一节 乡村教育概述

一、乡村教育的定义

同大部分研究一样，我们对于乡村教育的研究也从是什么开始，即乡村教育的定义。通过归纳与分析现有概念，笔者发现对于乡村教育的概念界定并不唯一，并且大部分研究将乡村教育与乡村高等教育画上等号，甚至在探讨"乡"

和"村"时，也未对二者加以区分，导致相关研究存在概念模糊、界定不清晰等问题。为了确保研究的科学性与准确性，我们将对"乡"与"村"、乡村教育与乡村高等教育进行全面的梳理与区分。

（一）乡与村的区分

"乡"和"村"本是两个独立的词汇，而乡村的连用始于近代，目的是与城市进行区分。喻谟烈在《乡村教育》一书中也曾指出，"乡村"二字之联用，则为近代之译名，所以别于城市者①。"乡"作为中国传统乡村的组织形式，起源于乡里制度。史载："昔黄帝始经土设井以塞净端，立步制亩以防不足，使八家为井，井开四道而分八宅，凿井於中。一则不泄地气，……，十则疾病相救。是以情性可得而亲，生产可得而均，均则欺凌之路塞，亲则斗讼之心弭。既牧之於邑，故井一为邻，邻三为朋，朋三为里，里五为邑，邑十为都，都十为师，师十为州。夫始分之於井则地著，计之於州则数详。迄乎夏殷，不易其制。"这里"朋三为里，里五为邑"表明"里"作为乡里组织的基本单位之一，可能萌芽于黄帝时代。到西周时，出现"乡"级建制。据《周礼》记载，西周时有"国""野"之别，国是指国都地区，野是指国都之外的地区。国中设有六乡，野中设六遂。春秋战国时代，"乡"正式成为乡里基层组织的一级单位，且乡和里开始并称。

出于中国古代帝王维护统治的需要，乡里制度应运而生，是古代乡村的基本的制度形式。这一制度有利于维护乡村的安定团结，有利于中央的统一管理。它具有一定的自治性，名称多变并且具有独特的地域性。它伴随着礼法文化的进化而逐渐完备，经历了夏商周时期萌生的乡里制度、秦汉至隋唐的乡官制度、宋元明清的乡里职役制等历史发展过程。近代以后它开始发生转变，但1949年中华人民共和国成立至1958年人民公社体制形成之前，传统的乡村制度并未发生根本的变化②。

古代社会逐渐形成了"县—乡—里"的行政区划，这实际上就是我们现如今基层政权体系中"县—乡—村"结构的原始形态。

我国从美国乡村社会学中引入乡村的概念。美国康奈尔大学乡村社会学教授桑德森曾指出，"乡村社会是指居住在某一区域的居民，在同一片农业面积上

① 喻谟烈.乡村教育[M].上海：商务印书馆，1927：4.
② 沈新坤.制度性规范与非制度性规范 改革开放以来乡村二元社会秩序的整合[M].武汉：华中科技大学出版社，2018：125.

聚集在某一点进行合"。

美国社会学家吉勒特认为，所谓乡村社会指的是"一些居住在面积最广、人口密度最低的区域，他们在共同的生活方式、工作与兴趣方面，产生一种相同意识，并在一种或者多种事业方面拥有共同兴趣，故此彼此合作、相互沟通，他们的兴趣点或许在多处，亦或是在一处，而农业收获便是他们的主要事业，他们的社会组织相对简单且数量有限，并且这种事业的开展会受到生产方式与空间距离的制约，家庭是他们主要的社会单位"。美国社会学家帕尔称，"一个乡村社会，可称为一个农业区域的人群，其大小与单位能使其居民充分地从事团体合作的活动"。其他社会学家有关乡村社会的概念都大同小异[①]。由此可知，我国在20世纪30年代对于乡村这一概念的认知基本来源于美国的乡村社会学概念及理论。

从"乡村"概念内涵进行分析，虽然当时深受帝国主义的侵略，资本主义经济也随之流入乡村，但是因农业经济仍然是乡村的主导经济因素，无论是在社会意识观念、心理方面还是在社会形态等多个方面并没有给当地发展带来太大冲击，并在一定程度上促使"社区"现象日益明显。

我国社会学家乔启明先生在早期提出了有关乡村的观点：如果可以按照社会成员共同生活的事业区划乡村社会，相对较为简单。未划分前，将一个点作为区划中心点。而这个中心点的选择应当以什么为标准，是我们应当是我们所要关注的问题。我国古代社会最早的交际活动便是市场交际，这种活动发展至今日，虽然发生了一定程度上的变化，但是本质上乡村人民相互接触最多的活动还是市镇交易。"万商云集"是对市镇的生动比喻，主要描述的市镇场景，即来自四面八方的买卖人汇聚于此，多如密云一般，市镇对当地人民生活的重要性不言而喻。所以我们要划分乡村社会，大都以市镇做起点，因为市镇包括的范围大、面积广，可说是居民共同生活和事业的一大代表呢[②]！台湾社会学家蔡宏进先生在他的《乡村社会学》中写道："乡村社区包括的范围，就广阔的含义看，应包括所有都市以外的社区，这些社区还有城镇社区和村落社区之别。据此说法则一个乡镇是为一个社区"[③]

因此我们认为，"乡村"这一概念是与城镇相对应的，是为了与城镇进行区分的行政区划。总而言之，乡村概念更大，村镇和乡镇也属于乡村。

---

①　言心哲.农村社会学概论[M].上海：中华书局，1934：16-17.

②　同上。

③　蔡宏进.乡村社会学[M].台北：三民书局，1989：116.

（二）乡村教育与乡村高等教育

中国真正意义上的乡村教育研究始于 20 世纪二三十年代。1920 年，余家菊在《中华教育界》上发表了《乡村教育的危机》一文，首次提出乡村教育的概念。随后，对乡村教育的研究得到了关注。进入 21 世纪后，随着"三农"问题的突出，乡村教育再次成为学者关注的焦点。广大学者对于乡村教育的解读也没有统一的定论，可谓是各有千秋、众说纷纭。吴遵民指出，乡村教育指在乡村开展的各种正式或非正式的教育活动，旨在从教育乡村村民着手，改进乡村村民的生活，推进乡村建设。随后，中国围绕乡村兴起了蓬勃的教育运动。这些运动或以教育为中心，或以生产为重点，既有着眼于改造乡村生活的，也有把各种乡村事业加以综合后开展乡村建设运动的[1]。《中国百科全书·教育卷》关于乡村教育是这么定义的：乡村教育是指城市以外广大乡村普通农民受教育的权利、地位、作用的一种教育价值观或心理趋向，换句话说，乡村教育以农民为教育主体，以整个乡村为教育场所或舞台，以民族再造与建设乡村为教育目标，以适应实际生活、改良实际生活、创造实际生活为教育内容，以家庭、学校、社会合一之综合方式为施教方式，实现乡村建设，进而实现整个社会的改造和重建[2]。

关于乡村教育的定义也各有侧重。总的来看，关于乡村教育的定义大致可以分为三类，如图所示（图 1-1）。

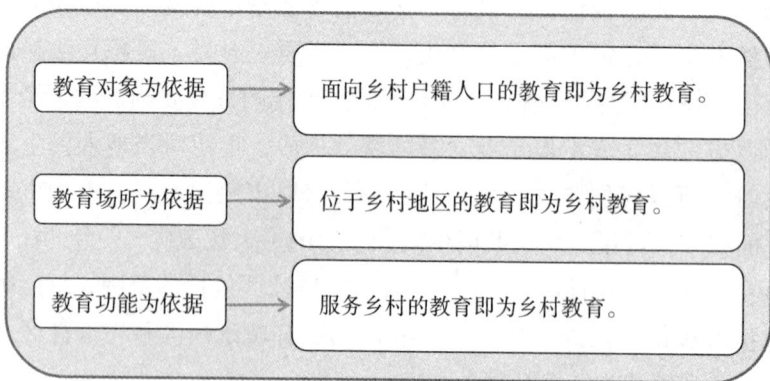

图 1-1　乡村教育定义的分类

① 吴遵民.终身教育研究手册 [M].上海：上海教育出版社，2019：19-20.
② 中国大百科全书出版社编辑部.中国大百科全书·教育卷 [M].北京：中国大百科全书出版社，1985：411.

总而言之，同"乡村"与"乡""村"的区别一样，乡村教育包含乡村高等教育。乡村教育是指为乡村建设和发展服务的一切教育，"既包括乡村的学校教育，也包括其他非正式、非正规的乡村教育活动，以及城市的直接或间接服务于乡村发展需要的普通高等教育与中等、高等职业教育等"[①]。只要在乡村地区进行的教育活动，就是中观层次的乡村教育。它不但包含乡村学校教育，乡村的一切非正式的风俗文化活动也包含其中。乡村教育涉及方方面面的受教育者，不单单是乡村的青少年儿童和村民。

二、乡村教育的特点

乡村教育作为教育的重要组成部分，既有一般教育的特征，又有自身独特之处。乡村教育具有如下特征：发展上具有不平衡性，形式上较为多样，地位上具有基础性，空间上具有分散性，文化上具有多元性，内容上具有实用性。如图所示（图1-2）笔者将从这六方面进行具体的说明。

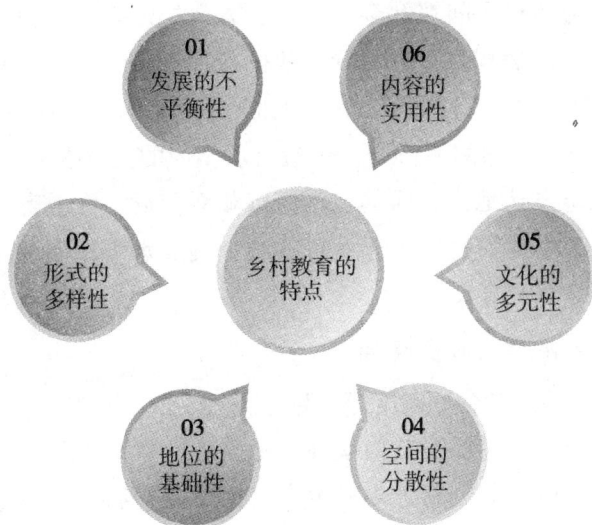

图1-2　乡村教育的特点

（一）乡村教育发展的不平衡性

乡村教育发展的不平衡性分别体现在城乡之间和乡村与乡村之间。

首先，城乡差距早在中华人民共和国成立前就已经存在了。随着中华人民

---

① 田静.教育与乡村建设——云南一个贫困民族乡的发展人类学探究 [M].北京：中央编译出版社，2013：26.

共和国的成立、工业化的发展以及户籍制度的确立，城乡差距进一步拉大。近年来，随着改革的深入，我国在消除城乡差距方面取得了初步进展，但城乡二元体制并未从根源上发生改变，城乡差异仍是我国改革中一块难啃的骨头。城乡间的差异体现在诸多方面，包括经济水平、文化水平以及社会发展水平等，而教育发展水平上的差距更是不容小觑。教育发展水平上的差距集中体现在城乡教育资源分配不均上。城市的教育主要以政府投资为主，而乡村的教育多以农民自己出资为主。另外，城乡教育资源分配不均还体现为乡村教学条件差；师资力量相对匮乏，师资力量较城市也存在分配不均的问题；基础设施建设不健全，必要的教育教学设施设备匮乏，不能满足基本的教学需要；校园面积狭小，课余活动场地缺乏；等等。这一系列城乡教育资源分配不均衡，使得城乡居民的受教育程度和水平差异明显。在城镇化背景下，各部门应通过资源配置、政策扶持和制度建设促进城乡教育融合发展，推进城乡基本教育公共服务均等化，把乡村教育办成"在乡村""富乡村""为农民"的教育①。

其次，乡村与乡村之间在社会、经济、人文、地理等方面的发展程度不尽相同，使得乡村间发展程度存在差异。我国按地理位置可分为东部、中部和西部地区；按经济发展水平，可分为发达地区、中等发达地区、欠发达地区和贫困地区。各地区经济发展水平不同，也造就了不同的教育发展水平。一般而言，东部地区属于经济发达地区，西部地区经济相对落后，在教育上也呈现相同的发展趋势。因此，整体而言，东部乡村的教育发展水平较西部乡村更高，呈现出乡村与乡村间的不平衡状态。

（二）乡村教育形式的多样性

教育形式与经济、社会、制度等息息相关。

改革开放以来，乡村经济结构呈现出新面貌，乡镇工业获得了前所未有的发展。随着科技的进步与创新，农业生产效率不断提高，生产方式不断发生改变，乡村经济结构由单一的、粗放型的传统小农经济结构与形式，转向多元的、科技型的现代大农业经济结构与形式。

随着经济的发展和改革的深入，乡村社会结构也不断呈现出新面貌，第一、二、三产业百花齐放，农民不再单单是面朝黄土背朝天与土地打交道的传统农民，他们是亦工亦农的现代化农民，是中国特色社会主义先进生产力的代表，

---

① 上海财经大学"千村调查"调查工作组.2019年我心目中的千村调查[M].上海：上海财经大学出版社，2020：474.

是社会进步的代表。

在经济、社会结构变革以及各大政策方针的推动下，乡村教育形式也不断呈现出多姿多彩的特征。按不同的标准与维度划分，可以将乡村教育划分成多种类型，如下图所示（图 1-3）。

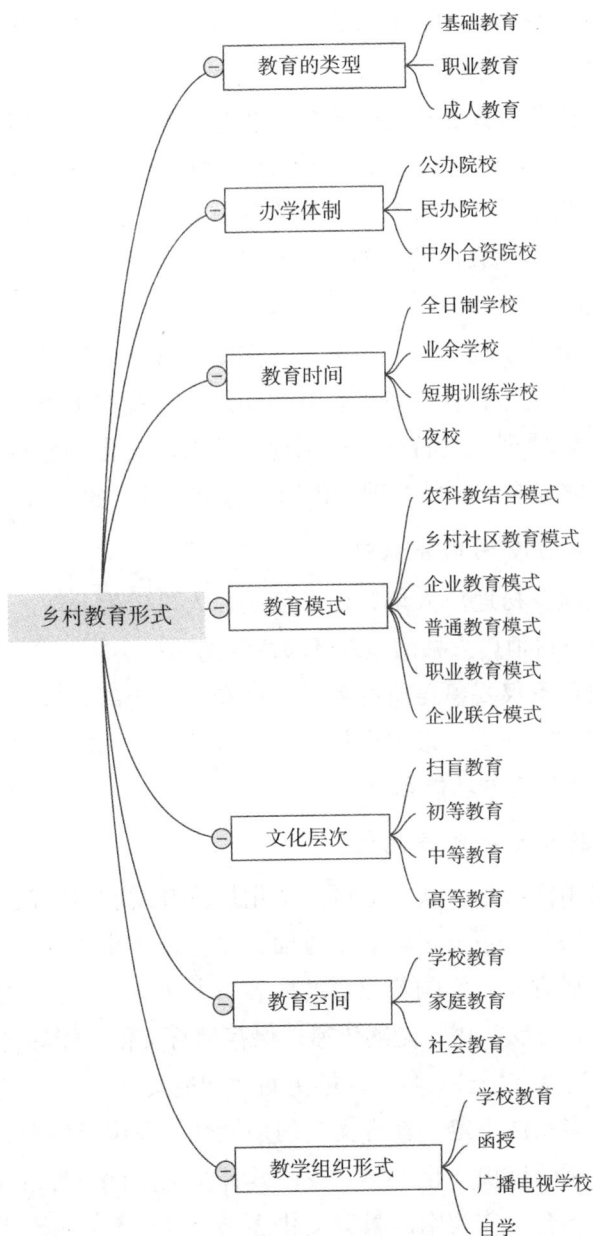

图 1-3　乡村教育形式

正是由于我国不断优化的经济、社会结构以及政策制度，乡村教育形式才得到不断的丰富与发展。越来越多的乡村教育形式不断地在我国广袤的大地上萌芽、实验、生根、发展，不断健全着我国的乡村教育体系。

（三）乡村教育地位的基础性

笔者从乡村教育的作用以及我国地理环境两方面对乡村教育的基础性地位进行分析。

首先，乡村教育起着普及基础教育和思想启蒙的作用。我国是个农业大国，乡村教育是中国教育的"神经末梢"，也是重要阵地。长期以来乡村经济发展落后，乡村人口文化水平相对较低，广大农民整体知识水平偏低。在乡村普及九年义务教育、开化广大农民的思想、提高我国居民整体文化水平之路上，乡村教育处于最基础的一环。

其次，我国幅员辽阔，土地众多，与多国接壤，地理形态复杂。对于边疆地区，乡村教育不仅起着普及基础教育的作用，而且在国防教育方面起着举足轻重的作用。边疆地理位置特殊，边疆地区的农民文化思想易受侵扰，因此发挥乡村教育在国家安全方面的基础性作用也是至关重要的。

（四）乡村教育空间的分散性

总体上，我国乡村地广人稀，地形复杂，人口较为分散。乡村教育空间的分散性是由我国乡村地广人稀的地理环境决定的。

我国乡村教育不仅要覆盖所有乡村地区和乡村全部人口，而且还要涵盖乡村经济、社会的方方面面，形成全社会、全方位、全民性的教育空间格局，如此，才能全面发挥教育的功能和效应。

（五）乡村教育文化的多元性

教育与文化相伴而生，缺一不可。文化是教育发展的肥沃土壤和源泉，教育是文化丰富和完善的重要手段。一方面，教育是文化的重要组成部分，文化制约着教育的发展方向，影响着教育的内容、方法、手段和组织形式；另一方面，教育对文化具有反作用，能够传递、保存优秀文化，能够传播、交流文化，能够取精去糟地选择和提升文化，能够更新和创造文化。

我国文化的多元性决定了教育文化的多元性。我国是世界四大文明古国之一，有上下五千年的历史文化底蕴，我国教育文化是优秀传统文化与中国特色社会主义文化的结合。作为中国教育文化之一，乡村教育文化受到地域社会文化的制约与影响。社会文化具有明显的多样文化底色，乡村教育文化也呈现出不同的特色。

（六）乡村教育内容的实用性

农民最需要的教育便是最实用的教育，"以教育之渠，引科技之水，浇农业之田"。广大农民送子女上学，希望能用知识改变命运，学有所用。服务乡村、造福乡村、发展乡村是农民广泛又朴实的需求。他们不仅渴望知识，同时又重视教育的实用价值。因此乡村教育应注重实用性，使广大农民子弟学有所成、学有所用，既要培养乡村学生树立正确的世界观、人生观、价值观，又要丰富其精神世界，还要兼顾回归乡村的实用性，为乡村的进一步发展注入力量。

第二节　乡村教育发展沿革

人类的教育活动与人类社会的发展相伴而生。中华民族自古以来就重视教育，"教育"一词最早出现于孟子《孟子·尽心上》，学校也最早出现在中国。乡学、私学、庙学、社学、义学等丰富多样的教育形式存在于我国古代乡村教育之中。针对乡村教育的研究，必须按照从古至今的时间发展顺序，探秘其发展轨迹，从而促进其更好地发展。

一、古代乡村教育的发展

乡村教育最早起源于奴隶社会，由于当时生产力水平低下，尚未诞生城市，当时的教育并无城市乡村之别，也可以说乡村教育先于城市教育诞生。虽然在奴隶社会还没有"乡村教育"一说，但教育活动确已出现。此时，教育与社会生产相结合，由各部落首领教授如何进行劳作、生产与生存。进入农耕时代后，人类掌握了更多的生产本领，凭借智慧不断改进生产工具，生产力水平取得进一步发展，教育也随之获得发展，这时的教育可以说是原始社会乡村教育。

我国乡村教育萌芽于西周以前。早在夏商以前，在采集经济发展为渔猎经济的过程中，远古人民就已从单人的"钻木取火"发展为为谋求氏族的发展与延续。"教民以猎"与"易之以书契"的教育形式成为生存得以延续的主要途径。伴随着夏商时期井田制的施行，农业生产逐渐占据与畜牧业同等重要的地位，因此在夏商时期的教育中农业生产劳动教育异常活跃。

西周至秦朝,乡村教育逐渐初具雏形并且不断发展。西周时期实行六乡六遂,各乡建乡学。秦朝到宋朝时期则是乡村教育正式被确立和逐渐巩固的时期。秦汉时期,我国古代乡村教育正式确立,并以官私并设的乡村教育体系出现为标志性事件。设乡塾,教师被称为"塾师",以诵读形式教授知识,旨在实现学习者略通经书大义的目的。三国时期,曹操掌权后设官立乡学,教授儒家经学于本地子弟;西晋时期,官学设乡校等乡村学校,乡村私学则由当时在学术方面造诣颇深的学者闭门教授;南北朝时期,北魏孝文帝于天安元年九月设立普遍乡学,随即逐渐在南北朝时期刮起一股私学风尚,南朝沈道虔、北朝李铉等人都曾经教授于乡里;唐朝诸多学者大家选择远避官场,远居乡村,开设学馆,讲书论道;西周至宋朝,乡村官学与私学相互促进、相互补充,逐步形成较为完整的古代乡村教育体系。

隋唐时期是中国封建社会大发展、大繁荣的时期,自宋至明清,中国古代乡村教育由盛转衰、逐步瓦解。伴随中国封建制度一步步走向衰亡,中国古代的乡村教育也逐渐由盛转衰,逐步走向没落。辽金元时期的私学形式种类繁多。以广为流传的"庙学"为例,庙学主要传播儒家经典学说,影响民间普通民众的道德与礼法教育,为促进社会的稳定作出了突出的贡献。明朝初年,官吏兴办"社学",起到了善乡俗、育人才的作用。清袭明制,保有社学并在民间逐渐发展私塾。直至清朝末年,建立新式学堂后,中国原有乡村教育逐渐被瓦解。

我国古代乡村教育的形成、确立、发展直至瓦解的发展历程中的关键节点,如下图所示(图1-4)。在这一发展过程中,乡村教育的大致发展方向是规模不断扩大、内容不断丰富、形式逐渐多样、制度不断完善的前进方向。但古代的乡村教育总体仍然比较落后,相较于城市教育,乡村中的受教育者享受的权利还十分有限,以社会伦理道德教化和劳动生产生活的基本知识为主要的学习内容。

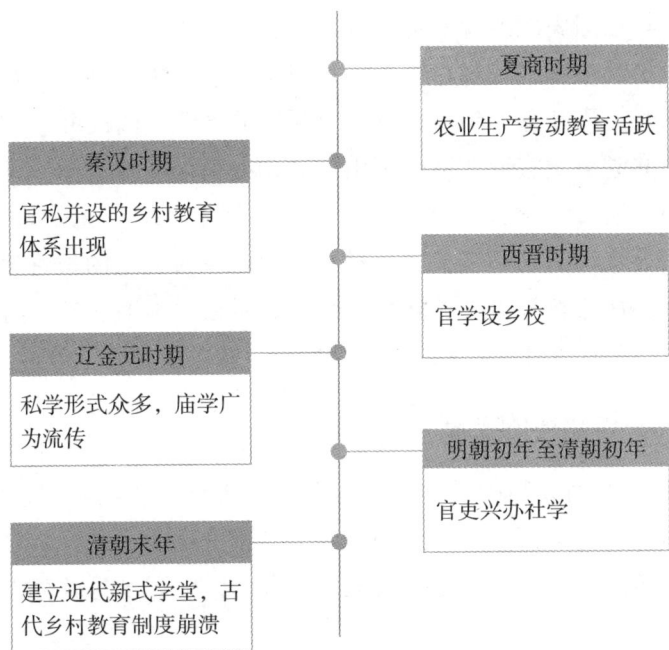

图 1-4　我国古代乡村教育发展历程中的关键节点

二、近代乡村教育的发展

鸦片战争后，西方文化伴随着坚船利炮打开中国大门，古代乡村教育被迫逐渐瓦解，迈向近代化的征程。"中学为体，西学为用"是近代新式学堂建立的指导思想。1903 年颁布的《奏定学堂章程》，不仅在中国推行四年义务教育，开创了中国早期义务教育的先河，并且在中国开设初等农业学堂、中等农业学堂以及高等农业学堂。该章程不仅是中国近代资本主义教育体系建立的标志，同时也是中国古代乡村教育近代化的重要过渡环节。

"中华民国"初期，即 20 世纪 20 年代到 30 年代，中国乡村教育的思潮与运动在整个中国乡村教育史上发挥了举足轻重的作用。在中国处于存亡之秋的关键时刻，大量知识分子不再沉默，走向中国乡村，企图通过乡村教育，启迪乡村中的有识之士，通过建设乡村，挽救中国于危难之间。黄炎培、余家菊、陶行知、晏阳初、梁漱溟、俞庆棠等学者在进入乡村后，对乡村教育问题开展研究调查，开展乡村教育实验。即便最终这条乡村教育道路未能走通，教育救国仅停留在理论阶段，但是乡村教育先哲们的智慧之光仍然照耀着当代乡村教育探索之路。

中国共产党在国民党实现乡村教育近代化的努力成为泡影后，接过乡村教育改革大旗，推动中国现代乡村教育的形成与发展。中国共产党在发展农村革命根据地的同时，逐渐意识到乡村教育问题的重要性。1921 年，在中国共产党建立之后，中共党员沈玄庐在浙江萧山地区创办衙前乡村小学，开启了中国共产党推动乡村教育发展之路；1921—1923 年，澎湃创办十余所乡村学校；1924年毛泽东在领导农民运动时期，在乡村开办面向乡村大众的扫盲教育、职业教育、干部教育、社会教育等相关教育，并开始对根据地旧私塾进行改革，为中华人民共和国成立后乡村教育的改革与现代教育的生成开辟了道路。

三、现代乡村教育的发展

1949 年中华人民共和国成立，全国上下百废待兴，经调查，国内 80% 的人为文盲，其中乡村文盲占比远远高于城市文盲占比。在此背景之下，中国共产党将乡村教育发展置于重中之重的地位，自此，中国乡村教育进入新的发展阶段。

1950 年 9 月 20 日，第一次全国工农教育会议在北京召开，会议通过了《工农速成中学暂行实施办法》和《关于开展农民业余教育的指示》两项法案，标志着中国现代乡村教育的全面开始。会议过后，各地广泛开展多种形式的乡村教育，建设工农速成中学、农民业余学校、农业中学、农民中等专业学校等农业院校，加速发展我国的乡村教育，对整个乡村社会经济的发展作出了突出贡献，甚至有提高全民素质的作用。

1985 年，中共中央颁布《关于教育体制改革的决定》，《决定》中一系列改革措施给中国乡村教育发展注入了新的活力。

1986 年，颁布《中华人民共和国义务教育法》后，乡村教育进入了新的发展时期。

1993 年中共中央发布的《中国教育改革和发展纲要》和 1999 年初国务院批准教育部制定的《面向 21 世纪教育振兴行动计划》，明确了到 20 世纪末中国基础教育的发展方向和基本方针。

第三节 乡村教育价值取向

从 2021 年开始，我国进入"十四五"时期，这是我国建设社会主义现代化国家新征程的第一步，我们将面临新的机遇与挑战。在社会主义新时期的背景下，我们应进一步统筹城乡经济发展，缩小城乡差距，建设社会主义新乡村。然而，随着科技的进步、改革的深入，我国经济蓬勃发展，也使得城镇化的脚步越来越快，乡村社会空心化、经济边缘化、教育荒芜化现象严重。乡村人口不断向城市流动，乡村劳动力缺失，乡村教育在乡村文明与城市文明之间出现扭曲。面对社会转型期这一突出问题，回归乡村教育引领乡村社会发展的正确轨道、认清乡村教育的价值取向是重要突破口。正确定位乡村教育的价值取向，才能有效引领乡村经济与文化的发展，为乡村全面协调可持续发展提供积极的精神引领、文化认同和智力支持，从而构建社会主义现代化新乡村，缩小城乡差距，实现乡村振兴。

笔者将从教育价值、教育价值观、教育价值取向等角度入手，为正确理解乡村教育的价值取向提供理论支持。

一、乡村教育价值取向相关概念厘清

（一）教育价值

"所谓价值，是指作为主体的人的需要与作为需要的对象的客体的属性之间的一种特定的关系。"[①]价值是主客体关系的基本内容和要素，产生于人按照自己的尺度去认识世界和改造世界的现实活动，是对象性客体属性同人的主体性尺度之间的统一。在对象性行为中，主体是相对于客体而言的，主体居于主动地位，只有人才能作为主体，而客体是主体作用的对象，既可以是物，也可以是人。马克思主义将主客体联系起来，克服"客体属性说"和"主体需要说"，在主客体关系范畴中理解价值。

基于马克思主义的价值关系说同样适用于教育领域，因此我们以其为基础对教育价值进行剖析。在教育价值领域，客体是教育活动，主体是与教育活动

---

① 王坤庆.现代教育哲学[M].武汉：华中师范大学出版社，1996：171.

相关的一切个人和社会。教育价值具有需要性、效益性和为我性。需要性是指，教育活动既要满足整体的社会发展需要，同时又要满足个人的发展需要。国家根据一定的社会生产生活需要，制定统一的政策方针，通过各级各类教育活动培养社会所需要的人。在这个过程中，受教育者通过学习，增长了科学文化知识和适应社会的本领，促进了个人的成长。效益性即当按照社会大众的需求与个人发展的需求进行主体客体活动时，受教育者实现社会化与个人成长的过程，也是促进社会和个人共同发展的目标实现的过程，这样教育价值对社会发展和个人进步的效益就得以实现了。为我性是指，教育活动的开展以人类身心发展的规律和促进人类的发展为准绳，因此它不同于其他改造客体的实践活动。

（二）教育价值观

"任何价值现象的特点，都依主体的特点而形成，并主要表现出来自主体一方的规定性。"[①] 价值以主体的要求为出发点进行客体主体化，所以价值具有"主体性"，这表现在观念上就是价值观。价值观具有多元性与动态性，表现为，同一客体对于不同主体具有不同的价值，同一客体对于同一主体的不同方向有不同的价值，同一客体对于同一主体在不同时间上也具有不同价值。

教育活动不同于其他改造世界的活动，具有更鲜明、更复杂的主体性特征。例如，教育活动是有目的的改造人的活动，按国家要求把受教育者培养成为服务社会的人才。作为活动的实施者，教师、学生和教育管理者具有主观能动性，表现出鲜明的主体性。我们可以发现，教育活动涉及方方面面的主体，包含国家、社会、家庭、学校、教育管理者、教师、学生等。诚然，不同的教育主体有不同的教育目的和需求，也就造就了具有差异的价值判断和教育价值观。另外，教育价值观具有立体性和系统性，对同一主体的多方面需要满足程度不同。例如，教育能够满足学生科学文化知识的增长、道德素质的提高、体格的增强、心理的健康发展、获得进入社会的基本技能等需求，不过对这些需求的重视程度与满足程度不同。最后，从时间上来看，教育价值观也不是一成不变的。例如，一个人的教育价值观是在不断生长变化的。在青少年时期，教育的价值观偏向为个人的生活做准备，为个人的生存与发展奠基；成年之后，前一阶段的任务已完成，本阶段的教育则为工作与生活服务，与此同时，即使没有系统的教育也能够很好地工作与生活，本阶段的教育价值观可以被替代，不再处于核心地位。

---

① 李德顺.价值论 一种主体性的研究 [M].北京：中国人民大学出版社，1987：57.

（三）教育价值取向

价值取向是人们的一种基本理念和信仰，它是文化的核心，是价值哲学的重要研究范畴。

它通常指的是某一主体在既有价值观的基础之上，在处理关系、冲突、矛盾时所持有的一种基本的价值态度、价值观点、价值立场，以及所表现出的基本价值取向。从一定侧面可以看出，价值取向具有一定的实践属性，它最为明显的作用是对主体的价值选择具有一定的决定与支配作用，故此，无论是对主体之间的关系、主体自身还是其他主体都能够产生巨大影响。人类价值取向合理化的过程是优化社会群体意识观念的过程。

思想决定行为。通常而言，一定的价值观念与指导思想直接决定并影响着人们工作中的一系列行为、判断与决策。

关于价值取向的定义，在管理心理学领域给出的具体内容为"在多种工作情景中指导人行动和决策的总体信念"。人的价值取向直接影响着工作态度和行为，诺贝尔经济学奖获得者、著名心理学家西蒙认为决策有两种前提，即价值前提和事实前提，充分说明了价值取向的重要性[①]。

关于教育价值取向的定义，主要的出发点基于价值取向的功能——引导价值主体进行价值选择，代表性的观点是"教育主体在教育活动中根据自身需求进行教育选择时所表现出来的一种价值倾向性"[②]。这类观点实际上缺乏辩证性，虽然指出了价值选择是教育价值取向的核心功能，但却忽略了功能，难以说明事物本质的特性。而主体需要、客体属性、主客体关系等，才是教育价值取向的核心所在。"教育要发挥什么功效，受教育者向什么方向发展，创造什么类型的教育，培养什么类型的人才，无不受教育价值观决定，所以，教育价值取向是教育工作的出发点和落脚点。"[③]我国秉承以参与教育活动的各个层次为主体，以社会背景、时代条件为制约，经过历史的考验，形成了长期而稳固的价值取向，即坚持以人为本的教育价值取向，培养全面发展的人，并以该取向为一切教育活动的出发点，引导着教育获得的价值判断与选择。

总而言之，教育价值取向是不断内化的主体的人格特质、行动方式和思维

---

① 夏文秀. 工作无悔 [M]. 杭州：浙江人民出版社，2014：57.

② 刘旭东. 论教育价值取向 [J]. 青海师范大学学报（哲学社会科学版），1992（1）：94-99.

③ 孙扬，朱成科. 新世纪以来我国农村基础教育研究价值取向研究综述 [J]. 教育学术月刊，2011（12）：36.

模式，是教育价值在客体主体化过程中，在主体需要与目的方面展示出自身鲜明的主体性，并通过长期的教育认知与实践活动形成的产物。

（四）乡村教育价值取向

前文提及乡村概念，即乡村用来指一种地域的概念。乡村指的是城市以外的一切地域，严格地讲是城市建成区以外的地区。乡村教育是指乡村中的与村民的生存发展相关的教育系统，包括乡村学校教育、乡村成人教育、乡村职业教育等。乡村教育价值是指与乡村教育活动相关的一切个人和社会与作为客体的乡村教育活动之间的关系。乡村教育涉及不同的主体，涵盖国家、社会、学校、家庭、教师、学生等，不同的主体自然存在需求和目标差异，因此对于乡村教育价值就会表现出不同的认知状态，便形成了乡村教育价值观。

乡村教育价值取向是在乡村教育价值观的指引下，在协调与乡村教育活动相关的矛盾、问题时所坚持的一种基本价值倾向。这些关系、矛盾、问题是与乡村教育相关的主体在不同时间在有关乡村教育的需求及目的，所面临的条件及环境方面所存在的综合性联系。乡村教育主体在进行价值选择时，乡村教育价值取向便是行动指南，引领着教育主体在教育活动中的教育认知与行为。与此同时，乡村教育价值取向具有稳定性、制约性、主体性的特征，在乡村教育上凸显个性化和独特性。例如，自古以来，乡村作为最基本的社会单位存在于我国古老的农耕文化之中，这也就造就了乡村教育价值取向在传递优秀的乡村文化、风土人情、精神文明上，具有恒久的稳定性。

（五）乡村教育价值取向的时代境遇

上文提到乡村教育价值取向引领教育主体的价值选择与行动，不仅如此，乡村教育价值取向也指引着乡村教育在特定的时代背景之下的道路与方向。因为乡村教育价值是一种科学的、进步的、反映时代特征和社会状况的价值观，它为大多数乡村人民所认可，是一切乡村教育活动的指路明灯。对乡村教育价值取向进行分析之时，必须站在乡村教育发展的社会大背景之下，坚持具体问题具体分析，精准地判断乡村教育价值取向，明确为什么乡村教育价值取向是如此设置的。现如今，经济繁荣，科技飞速发展，物质生活条件得到了前所未有的改善，城镇化脚步加快，教育价值取向应落脚于时代背景之下，引领乡村教育坚持以人为本，不忘初心引领乡村教育全面、持续、健康地发展。

鸦片战争之后，中国近代化主题就是中国应当如何现代化，发展教育是中国现代化发展的前进动力。洋务运动时期，"师夷长技以制夷"反映了当时中国现代化发展的需求是学习西方的先进技术，因此，新式学堂的主要教育内容为西方的先进技术。以此为例，不难得出结论，教育的价值取向与时代发展的主题是紧密相连的。

20 世纪上半叶，中国广大乡村社会实现符合现代化要求的乡村改造是时代的发展主题，因此，当时的乡村教育价值取向也要为改变乡村社会而服务。中华人民共和国成立之后，中国现代化发展的核心是实现新中国经济发展的四个现代化，教育价值取向服务于中国经济建设。乡村教育价值取向必须优先服务于工业现代化和城市建设，旨在培养城市发展需要的人才。改革开放后，乡村价值取向转变为改变中国几千年来形成的乡村社会以满足现代社会城市化与工业化的发展诉求，实现新时代乡村现代化发展进程。

在国家提出的社会主义新农村建设、新型城镇化等发展方略下，乡村教育价值取向主要针对发展乡村教育对乡村社会发展的作用与功能。分析乡村教育的价值取向时，要厘清乡村教育活动中的研究层面和探究视角，与时代境遇即时代背景相结合，分析乡村教育的价值取向。依照教育活动包含的主题来看，与乡村教育相关的主体主要分为国家主体、乡村社会主体和学生主体。因此，通常按照国家、乡村社会、学生三个层面分析乡村教育的价值取向。根据教育社会学可知，教育活动是一项社会化活动，教育的主要目的是促进个人的社会化发展。实现个体的社会化，必须聚焦个体与社会发展相统一的视角，系统分析乡村教育价值取向。在社会发展、教育发展和个人发展的需求趋势下，乡村教育价值取向必须回归乡村，提升村民对乡村的认同感，通过教育提升乡村村民的综合素质，聚焦村民服务于乡村建设新发展的需求点。

二、乡村教育的国家价值取向

教育对国家的政治、经济、文化、社会等各个方面都有着长远深刻的影响。教育是立国之本、强国之基，建设教育强国是建设社会主义现代化强国的应有之义。作为教育的重要组成部分，乡村教育的教育价值取向应站在国家层面，做出正确的价值判断和选择。现如今，国家对乡村教育的价值取向主要集中体现在人才现代化等方面、新型城镇化、国家安全，本书将从以下几个角度探讨乡村教育的国家价值取向，如图所示（图 1-5）。

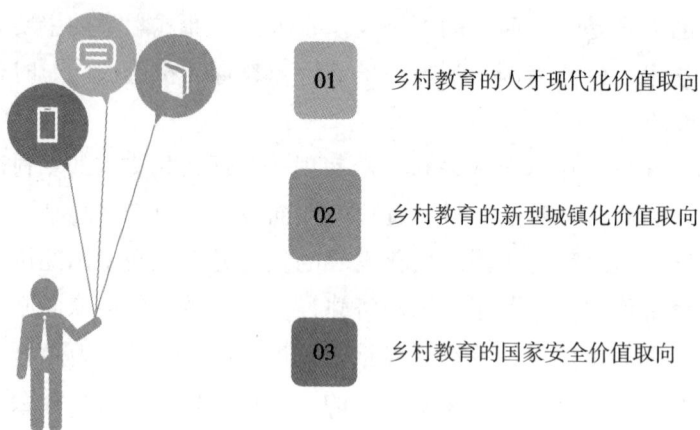

图 1-5　乡村教育的国家价值取向

（一）乡村教育的人才现代化价值取向

当今世界飞速发展，现代化是当今世界的一个重要趋势，它是一个系统的社会变革工程，是我国近代以来觅求的宏图。以城镇化和工业化为核心指标的第一次现代化进程强调物质现代化，也就是强调教育对物质生产方面的作用，导致了教育的物质化。

在本阶段，教育对于经济、政治、科技的影响具体体现在以下几方面：在经济方面，教育可以提高受教育者的素质，从而提高生产效率，或劳动力在生产中刺激经济的发展；在政治方面，教育一方面培养符合一定政治需要的人才，另一方面增强公民的民主意识，促进民主，使得公民有能力、有机会参与民主政治活动；在科技方面，教育为科技的发展培养人才，教育为科学技术转换为生产力创造条件，科技只有被劳动者掌握才能转化为生产力，而劳动者要想掌握现代科学技术就必须通过教育。由此可见，教育渗透于社会主义现代化的方方面面，同时受到物质现代化的影响。

然而，教育本该是以培养人才为目标的人化活动，而不应该是一种物化活动，这偏离了教育的本质属性。在经济相对落后的乡村，在物质资源匮乏，生产资料分配不均，社会、经济、文化发展缓慢等一系列突出问题之下，乡村居民试图改变现状，乡村教育便成为最佳途径和方式。而这样以改善经济物质条件、提升社会地位为目的的乡村教育，势必导致乡村教育物化现象更为严重。必须扭转这一局面，改变被物化的教育现代化，将教育拉回人化的正轨。只有真正实现人化的教育现代化，教育才能真正发挥自身价值，才能超乎物化之外，引领受教育者更好地实现社会生产生活各个领域的现代化。乡村教育也是如此，迫切需要转变现如今物化的乡村教育现代化，实现人化的乡村教育现代化。

随着城镇化的发展，乡村人口大量涌入城市，为合理利用教育资源，乡村学校大多进行了撤并。在这一时代背景之下，大多数人对乡村教育持悲观态度，甚至不少人认为应该用城市教育取代乡村教育，让乡村教育消失在现代化的车轮之中。这也就意味着，乡村教育价值将随着乡村教育的消亡而消亡。然而，这只是乡村社会衰颓背景之下的一种假设，事实上乡村社会是不可能彻底消亡的，乡村社会在逆城市潮流、新型工业革命、中华文化传承等方面都展示着自身富有活力的一面。

根据国际经验，许多发达国家出现了"逆城市潮流"，人口由人口密集的城市向人口稀少、环境清新的乡村流动。新型工业革命指依靠生产要素集聚、以环境污染为代价的传统工业生产方式向发掘乡村资源、依托绿色能源、构建生态文明的现代工业生产方式转变。新型工业化、新型生态农业、旅游观光农业以及现代乡村社区服务业的兴起，将引导人口向乡村回流。"原来中国社会是以乡村为基础，并以乡村为主体的。所有文化，多半是从乡村而来，又为乡村而设，法制、礼俗、工商业等莫不如是。"①乡村文化具有不可替代性，乡村是中国社会之根，是中国社会走向繁荣的发源地，乡村文明也深刻体现着中华优秀传统文化。

城市和乡村不可一概而谈，面对乡村现代化进程中的一系列问题，不能单纯地用城市文化中断或者替换乡村文化。笔者认为，应将先进的现代化精神引入乡村文化教育，促进乡村文明的发展并推动乡村文化现代化。对乡村教育一味秉持悲观的态度是不可取的，乡村教育一旦消失，首先势必造成乡村居民无法接受符合自身发展和乡村社会发展需求的教育，那些不能融入城市的居民，也会失去向社会上游流动的机会，不利于乡村精神文明建设。其次，对乡村的经济、文化、技术等方面都会造成巨大打击，比如，村民接受不到符合自身需求的教育，导致生产力素质低下，生产效率得不到提高，长此以往便会给乡村经济带来重创。因此，在社会主义乡村现代化建设进程中，乡村教育价值取向一定要重视人化而非物化，并不断引导乡村教育向积极的方向发展。

（二）乡村教育的新型城镇化价值取向

城镇化是指乡村人口向城镇地区集聚和乡村地区转变为城镇地区的过程。

---

① 梁漱溟.乡村建设理论[M].上海：上海人民出版社，2011：10.

工业化程度高的国家城镇化水平较高[①]，其社会由以农业为主的传统乡村型社会向以工业（第二产业）和服务业（第三产业）等非农产业为主的现代城市型社会逐渐转变[②]。随着城镇化的深入，教育资源也随之不断流向城市，城市教育师资力量充沛、硬件设施齐备、教育资源雄厚。为了获得优质的教育资源，乡村居民只要有机会便会涌入城市。

新型城镇化的重要特征是集约、智能、绿色、低碳，城乡一体、四化同步、文化传承是新型城镇化的基础和重要前提。2013年12月，习近平总书记在中央城镇化工作会议上指出："城镇化与工业化一道，是现代化的两大引擎。走中国特色科学发展的新型城镇化道路，核心是以人为本，关键是提升质量，与工业化、信息化、农业现代化同步推进。""要以人为本，推进以人为核心的城镇化，提高城镇人口素质和居民生活质量，把促进有能力在城镇稳定就业和生活的常住人口有序实现市民化作为首要任务。"习近平总书记的讲话为新型城镇化发展指明了方向[③]。因此，基于新型城镇化的不断发展的现状，乡村教育价值取向需要与时俱进，在新型城镇化的引领下，立足于乡村建设的实际，服务于农本主义，从而保证乡村居民的平稳发展。乡村教育价值取向应立足于促发展、兴农业，要涵盖整个乡村建设，要服务于乡村发展的方方面面。乡村教育从农民来到农民去，着眼于乡村的可持续发展，为城乡间的和谐发展服务。

（三）乡村教育的国家安全价值取向

随着城镇化发展，社会经济呈现出大繁荣、大发展，乡村空心化现象相伴而来，乡村儿童也逐步流向城市，接受城市教育。一方面，城市教育资源丰富，进城务工人员将孩子带入城市，在城市接受教育；另一方面，随着乡村学校撤点并校，学校集中在城镇地区，教育资源得到集中整合的同时也导致一部分偏远乡村地区没有学校，这也迫使儿童不得不向城镇学校流动。虽然乡村儿童得以享受更为优质的教育资源，但是也使得乡村学校不能很好地引领乡村社会的发展，导致乡村社会在现代化进程中逐渐落败。

首先，乡村，尤其是边疆地区的乡村承担着固疆守土的重任，乡村空心化会对国防安全造成一定的影响。随着乡村学校的消亡，乡村教育不断弱化，乡村社会出现了大范围的消亡。甚至在一些边境村落，缺乏乡村学校，乡村空心

---

① 北方旅行出版公司.你好，科学！探索地理[M].青岛：青岛出版社，2020：35.

② 赵林如.中国市场经济学大辞典[M].北京：中国经济出版社，2019：936.

③ 李锦顺.新型城镇化道路[M].北京：北京时代华文书局，2020：51.

化，村民流失，给他国居民非法越境居住和生产以可乘之机，造成国防安全隐患。其次，给我国的粮食安全问题带来一定压力。乡村人口大量涌入城镇，只剩下缺乏劳动能力的老年人，他们无力进行农业劳动，乡村土地荒芜化显现，给国家粮食安全带来不利影响。诚然，国家粮食安全问题可以通过工业化和国际市场进口等方式缓解，但是这并不能替代乡村农业生产的作用。因此，乡村教育价值取向必须顾及国家安全问题，必须正视乡村教育的地位，它是乡村社会的中心。优秀的乡村文化凝心聚力，稳固乡村文化，进而保障国家安全。

三、乡村教育社会价值取向

乡村教育价值取向是以国家价值取向为依据的，在乡村社会中的乡村教育，应在国家教育价值取向指导之下，结合乡村社会的实际，具体问题具体分析，因地制宜落实乡村教育的价值取向。乡村教育的价值取向也要与时俱进、不断更新，在批判继承乡村社会的优秀传统的基础之上，立足于乡村社会主义现代化、新型城镇化、社会主义新农村建设的时代要求，审时度势，发挥乡村教育的社会价值。乡村教育来源于人民，服务于人民，必须满足社会发展和人民现实生活中的需求。

乡村教育不是凭空而来的，是以国家价值取向为依托的，国家为教育确立发展的目标，指明前进的方向，奠基发展的基础；是以社会价值取向为背景的，社会经济背景是教育发展的物质前提，社会政治背景是教育发展的安定保障，社会文化背景是教育发展的思想准备。

换言之，乡村教育价值取向受到国家价值取向和乡村社会发展要求的共同引导。在改革开放的时代背景之下，社会主义新乡村不断发展，乡村社会发生了翻天覆地的变化。本书将从以下几个角度探讨乡村教育的社会价值取向，如图所示（图1-6）。

图 1-6　乡村教育的社会价值取向

（一）乡村教育的社会安定价值取向

随着城镇化发展，城乡教育发展不平衡，乡村相对落后的教育已然给社会现代化带来不小的隐患。我们应重视乡村教育的社会安定价值取向，致力于普及和均衡现代化教育，均衡分配城乡教育资源。在国家层面，加强国家对基础教育阶段教育质量的把控，严把乡村教育价值取向，提高村民整体素质和科学文化水平，从而促进乡村生产力的发展和经济水平的提高，使得乡村享受到社会主义现代化的红利，不断发展、不断进步，如此一来，乡村安定便也有了保障。有教养的民众不仅善于适应生产力的发展变革，在社会问题上也善于沟通，对蛊惑煽动有良好抵抗力，愿意选择和接受温良和渐进的社会改良，而"盲井"现象背后的基础教育缺位也会相应减少甚至消失①。城乡之间凝心聚力，团结一致，共同促进社会主义繁荣发展。

（二）乡村教育的社会发展价值取向

在现代社会，村民纷纷选择离开乡村，前往城市发展甚至定居，归根究底是在经济社会发展的进程中，第二、三产业蓬勃发展，第一产业失去社会竞争力。众多村民一辈子辛勤劳作，与土地打交道，却难改变面朝黄土背朝天的命运，获得很好的发展。然而随着城市的发展，广大村民看到了越来越多增加收入、享受优质教育资源、改变命运的机会。随着经济的飞速发展，乡村似乎被遗忘在了角落，跟不上时代的步伐，乡村原有的政治、经济、文化等被工业文明所解构，但还没有实现工业化、现代化背景下的转型、改造、再生。基于此，

---

① 彭小瑜.社会的恶与善[M].北京：商务印书馆，2017：248.

要想留住乡村居民，甚至吸引已经流失的乡村居民回归乡村，需要促进乡村的发展，提升乡村的竞争力。

乡村教育在促进乡村社会经济发展、改善村民生活、提升精神文明、改善乡村风貌和促进民主管理等方面发挥着必不可少的作用，优秀的乡村教育能够在政治、经济、文化各个方面促进乡村社会的发展。我们在看到乡村教育为乡村振兴带来巨大希望和力量的同时，更应该清醒认识到，即便乡村教育对整个乡村的发展大有裨益，当前乡村教育仍然存在薄弱环节，还不足以支撑乡村振兴战略的长期实施，离乡村全面振兴的美好盛景还有很长的一段路要走。为此，要以问题意识为导向，尽快补齐乡村教育的缺口和短板，发挥乡村教育引领乡村新风尚、重塑新乡风的积极作用，提升乡村人口素质，推动新乡村建设，从而为乡村全面振兴厚植人才和智力基础。

首先，在城乡一体化均衡发展背景下，有效推进义务教育发展机制。为最大程度促进教育公平、切断贫困代际传递、增强致富内生动力，党和国家优先发展乡村教育，采取推动城乡一体化均衡发展的义务教育发展机制。其次，要不断优化和改善乡村学校办学条件。通过"一县一策""一校一案"等措施，深入落实乡村学校建设标准，让每一所乡村学校都成为学生开心、家长放心的学校。再次，应进一步优化乡村学校布局。要合理布点并加强乡村寄宿制学校建设，对不具备乡村高等教育学校办学规模的地区，要将学生安排至乡镇及以上级别的中心学校，此举不仅能够整合教育资源，优化教学配置，还能够最大化地让乡村地区的学生接受到更好的教育。复次，应不断强化乡村教师队伍建设。乡村教师不仅是乡村教育的主体，也是乡村振兴的参与者和主力军。乡村教师的素质和能力与振兴乡村教育的目标能否实现息息相关。最后，要进一步推动乡村教育信息化建设。现代信息技术应用对支撑乡村教育跨越式发展的作用不仅是可以突破时空的界限。

四、乡村教育育人价值取向

乡村教育价值存在于乡村教育本身，是乡村教育活动的行动指南。具体而言，乡村受教育者、乡村社会、国家是乡村教育最基本的价值主体，需要从根本上分析教育活动对价值主体的价值及取向。对于乡村教育，乡村受教育者是教育价值主体中最核心的主体，因而，作为培养人的活动，"把乡村建设者培养成什么样的人"就是乡村教育价值取向的目标。本书将从以下几个角度探讨乡村教育的育人价值取向，如图所示（图1-7）。

图 1-7　乡村教育的育人价值取向

（一）乡村教育的村民价值取向

对于大多数人而言，乡村一词带有一定的贬义色彩，是土里土气、落后的代名词，而这些名词也通常被用来形容刚从农村进城的社会群体。目前我国的乡村教育从本质上是一种城市教育在乡村的延伸，乡村教育作为城市教育的有益补充，每年都会有大批人才通过考试等多种渠道被选拔进入城市中，为建设文明社会做贡献。从某种意义上来说，凡是被选拔进入城市的孩子，通常会选择留在城市继续奋斗，而这些土生土长的农村娃，由于受到长期生活环境与生活习惯的影响，会塑造出一种专属于乡村地区人民的性格特质，而这种特质一旦离开了乡村教育的土壤，便会发生变化，而这些离乡背井来到城市打拼的乡村人，必将成为一个片面发展、异化于乡村且被工业文明所撕裂的个体。这些被工业文明异化后的乡村人，无法获得一种对乡村文化与乡村文明的认同感，这从本质上无益于和谐社会、生态文明及美丽乡村的建设与发展，而那些从出生便受到城市文明与工业文明影响的都市人更加难以肩负起这样的重任。由此可见，乡村教育应当在培养具有一定乡村文化包容性特质的人才性格方面起到应有的作用，在"促进乡村人才发展的基础上，面对当下乡村人才生存的现实，引导他们更多地认识脚下的土地，建立个人与乡村的和谐联系，培育他们的文化自信，从整体上促进乡村人才健全人格的养成"[①]

乡村教育的村民价值取向具体体现在三方面，即乡村意识、乡村情怀和乡村认同。首先，乡村教育要能唤起乡村人才的乡村意识。乡村与城市之间不存

[①]　刘铁芳 . 回归乡土的课程设计：乡村教育重建的课程策略 [J]. 现代大学教育，2010（6）：13-18.

在高低贵贱之分，乡村教育要帮助儿童树立正确的乡村价值观，让儿童认识到自己生长于乡村，乡村孕育和培养了他们，是他们与生俱来、相伴终生的宝贵财富，正是这种生长环境塑造了他们纯真质朴的品质。其次，乡村教育要唤起乡村人的乡村情怀。无论是扎根乡村还是在城市闯荡的广大村民，都应该心系生养他们的乡村，尽自己所能，为乡村更好的发展尽自己的一份力。人人贡献一小步，将是乡村发展的一大步。最后，乡村教育要能唤起乡村人的乡村认同，发挥教育的作用，让乡村人才以乡村为荣，认识到乡村在我国上下五千年的历史中不可替代的作用，认识到乡村文化的根基作用，热爱自己的乡村，将乡村发展与自身发展相结合，互相促进，实现个人与乡村的同频发展。

在经济与科技飞速发展的 21 世纪，交通四通八达，网络得到普及，乡村打破了自然上和空间上的封闭，乡村的人见识到了更广阔的外部世界。乡村人会不自觉地把自己所处的乡村生活与城市生活进行比较，从而形成心理落差。在这一情形之下，要明确乡村人是乡村的主体，促进乡村人与乡村的自然与文化的交流，探索乡村社会的趣味，不断探索社会主义新乡村的生活方式，构建基于现代经济、科技的新型乡村生态文明。

（二）乡村教育的公民价值取向

由于城乡之间长期的差异，人们对于乡村居民的评价往往存在一些偏见，村民被冠以愚昧、落后、土气的标签。而出于自卑、不自信的情绪，乡村儿童似乎也从心理上认同了这些标签，同时又充满了抵触的情绪，想要撕掉这些标签。因此，乡村儿童试图改变，他们模仿城市人的生活方式、行为方式，按城市人的要求去要求自己，试图抹去自己是乡村人的事实，将自己的村民身份改造成市民身份。然而，不管是市民还是村民都是国家的公民，在社会中都是平等的，没有高低贵贱之分。城市生活和乡村生活只是两种不同的生活方式，可以根据喜好自由地选择。在社会主义新农村建设中，从村民组织到乡村社区，从落后的乡村到宜居的美丽乡村，都在一定程度上凸显乡村生活，倡导村民与市民在国家公民层面上的平等。因此，广大乡村教育者要注意培养乡村儿童的公民意识，让他们认识到城市和乡村具有同等重要的地位。

乡村教育课程设置需要注意乡村风土人情和乡村文化知识的传授，在潜移默化之中增加乡村儿童的自信与乡村认同感。对于城市文化和知识的呈现，需要从乡村儿童的学习习惯、认知特点进行重构，让乡村儿童对城市生活认识得更全面。此外，乡村教育需要培养乡村儿童争做好公民的素质，涉及科学文化、道德法制的方方面面，尤其是让乡村儿童理解乡村的人文风貌、传统文化、历史发展等特定的本土知识，并结合国家对公民素养的普遍要求，培育乡村儿童适合乡村生活的公民素养。

五、乡村教育价值取向的实现途径

要坚持正确的乡村教育价值取向，并指引乡村教育活动主体进行正确的价值判断和价值选择，使得乡村教育价值取向发挥积极作用，促进乡村教育、科学文化和经济发展等各方面的进一步发展。价值取向的核心功能是引领主体实现价值选择。"价值理论研究应指引人们正确的行动方向，应当提供给人们价值判断的正确标准，应当告诉人们什么样的价值观是正确的、合理的、高尚的，什么样的价值观是不合理的、不正确的、不高尚的，并鼓励人们坚持前者，抛弃后者。"①

那么如何发挥教育价值取向的积极引导功能？通常我们从以下三方面入手：第一，坚持个人与社会的统一，坚持个人发展价值与社会发展价值的统一，在二者不可得兼时自觉坚持社会发展至上的选择，从而克服极端个人主义的价值取向。第二，坚持目的性和规律性的统一。"动物只是按照它所属的那个种的尺度和需要来建造，而人却懂得按照任何一个种的尺度来进行生产，并且懂得怎样处处把内在尺度运用到对象上去。因此，人也按照美的规律来建造。"②也就是说，教育的目的性是要明晰为谁追求价值以及追求什么样的价值的问题，要实现社会需求和个人需求的有机结合，实现社会主体与个人主体的共同发展与相互配合。教育价值取向的规律性是指，教育价值取向要符合人类社会发展的一般规律，同时又要善于变通，顺应时代发展的要求，更要尊重教育活动主客体内在的发展规律，如人的身心发展特点等。第三，坚持理想追求与现实条件相统一。教育价值主体的生存发展需要、身处的现实情境、传承的历史文化传统等都决定着教育价值取向的产生、意义和功用。价值目标的设置要从现实情况出发，又要在合理范围内超越现实情况，创造更加美好的生活。因此只有把握乡村教育价值的正确方向，才能指导乡村教育实践，进而促进乡村教育与乡村经济社会蒸蒸日上。

---

① 马凤岐.教育价值的理论问题[J].北京师范大学学报（社会科学版），1994（6）：36-42.
② 马克思恩格斯全集（第43卷）[M].北京：人民出版社，1979：96-97.

（一）明确乡村教育价值取向的统领功能

中华人民共和国成立尤其是改革开放以来，我国大力发展经济，城镇化步调加快，人口逐渐向城镇集中，突出表现为城镇数目增加和城市人口规模不断扩大。而城镇化正是工业化发展到一定阶段的产物，第二、三产业的蓬勃发展，也印证了第一产业的失势。乡村教育作为乡村社会发展的缩影，必须明确乡村教育价值取向的系统功能。第一，坚持乡村教育国家价值取向的主导性地位。乡村教育价值取向不能好高骛远，追求不符合自身实际发展状况的城市化模式，要依据国家教育价值取向，从国土安全、粮食安全、国家现代化、新型城镇化出发，从乡村实际的需求和发展规划出发，而不是不切实际、一味模仿城市，失去本真的味道。第二，明确乡村教育价值取向的发展性地位。近年来，乡村教育逐渐远离乡村生活而更加趋向于城市教育，致使乡村教育对乡村社会发展的推动功能日渐式微。模仿城市化不是促进乡村发展的正确之路，乡村教育价值取向必须立足扎根于乡村社会，让乡村教育回归初心，更加关注促进乡村居民和乡村社会发展，进而形成良性循环，重振乡村社会。第三，秉持乡村教育育人价值取向的核心地位。乡村教育面向的是乡村儿童，服务于乡村儿童素质的提高，培养全面发展的乡村儿童。只有适合乡村儿童发展的教育才是好教育。只有这样，才能增强儿童对乡村生活的内在认同和文化自信，促进儿童健康和谐地成长，才能为乡村振兴培养高素质人才，最终实现乡村教育的价值取向和国家价值取向。

（二）提升乡村教育价值取向的先进水平

乡村教育价值取向能否确立正确的目标和符合发展的规律，决定着乡村教育价值取向能否促进乡村教育积极健康地发展。我们知道乡村教育价值的主体包含国家、乡村社会、乡村教育者和受教育者等等，因此针对的主体不同，乡村教育的目标必然存在差别，有时候甚至会存在冲突，那么就需要求同存异，对各个主体的需求进行有机整合，形成一个乡村教育的整体需求，使之既服务于国家对乡村教育的领导性需求，又服务于乡村社会对乡村教育的促进性需求，还能服务于乡村儿童对乡村教育的根本性需求。将客观属性——乡村教育的发展，外在属性——乡村教育对乡村社会发展、国家进步的促进，以及内在属性——乡村儿童的健康成长相结合，从而构建起乡村教育的客观属性系统。

（三）制订乡村教育价值取向的合理控制

乡村教育价值取向一方面代表着村民在某些特定时期对乡村教育美好愿景

的追求，另一方面又不能偏离现实情境，因此乡村教育价值要实现理想诉求与现实条件的有机结合。也就是说，乡村教育价值取向的产生、意义和功用都要以乡村儿童的生产发展需要、乡村的历史文化传统和乡村所处的现实情境为基准。比如，乡村教育仅仅是乡村社会的构成要素之一，乡村教育价值取向的落实与村民对乡村教育的观念、乡村社会发展水平、乡村的文化传统等都有所联系。这实际上是对特定时空中乡村教育主体的总体需求与对乡村教育的客观属性体系的满意度进行了调整。

第二章　高等教育与乡村教育的显性联结与隐性联结

我们可以将高等教育定义为"培养完成完全中等教育后的人，使他们成为具有高深知识的专门化的人才的活动"[①]。高等教育与乡村教育发展处在一个复杂的循环之中。一方面，高等教育使得乡村的学子获得走出乡村进入城市的机会，乡村学子完成学业后，可以回归乡村，用学到的先进的知识、文化、技术发展乡村；另一方面，在现实中，大部分学子很少回归乡村，他们在完成学业后，会获得在城市的工作机会，选择在城市扎根，甚至会把父母接到城市，他们的后代也不会再回到乡村。长此以往，高等教育培养的乡村人才便流失了，乡村人才大量外流，乡村对人才的吸引力越来越低。我们必须改变这一现状，缩小城乡差距，发展乡村，振兴乡村。

乡村教育与高等教育之间存在明显的联结关系，因此本章将探索高等教育与乡村教育之间的显性联结与隐性联结，对乡村人才输出与乡村发展，乡村人才回归与乡村发展，乡村人才流动与乡村政治、经济、文化再造进行剖析，为促进乡村人才回流、探讨乡村教育与乡村发展提供理论基础。

[①]　班秀萍，叶云龙.全面质量管理与高校人才培养[M].长春：东北师范大学出版社，2017：224.

第一节　高等教育与乡村教育的显性联结

一、乡村人才输出与乡村发展

改革开放以来，我国社会发生了巨大变迁，这其中包含中国乡村社会关系的变迁，包含着社会结构的变化与个人选择以及二者间的互动模式。随着城镇化的发展，我国乡村大量优秀人才资源逃离乡村流入城市，以谋求更好的发展，这是我国二元社会框架和多元经济合力之下一种独特的社会现象。然而，在计划经济体制下，原本发展就相对落后的乡村受到政策法规的限制，使广大农民的某些权利被人为剥夺，还要承担一些不平等的义务。同时，作为政治、经济和文化的中心和现代社会的形象，城市在政治、经济、文化方面也有一定的需要。首先，在政治上，政治家偏爱在城市尤其是首都施展其政治能力；其次，在经济方面，把城市作为文明发展的代名词，并自然而然地把城市化与工业化联系在一起；最后，在文化上，城市是先进文化的代表，人们更愿意把城市作为现代化成果的纪念碑和民族的骄傲。

二元经济是对发展中国家早期发展阶段的一种描述，是指经济从完全依赖农产品的生产状态向生计农业部门与现代工业并存的二元状态的转变，这一过程的实现是经济发展的一个里程碑。在这一经济背景下，城市作为经济发展的领头羊，通过提供广泛的就业机会、共享先进的设施设备、传播现代思想和制度以及进行城乡之间的经济往来获得具有比较优势的利益。而乡村在这场大变革中逐渐式微，常常被冠以落后的帽子。

城乡之间这种不平衡的互动也给日后乡村人口向城市流动埋下伏笔，这种流动使得乡村社会空心化、经济边缘化、教育荒芜化现象严重，城乡之间的差距也日渐拉大。首先，乡村人口大量涌入城市，促进了城市的扩张，并增强了城市作为区域中心的聚集效应；其次，城市文明的辐射效应不断强化，乡村智力流入城市，连通了城市的物资、科技、文化以及城市生活方式向周围以及腹地乡村不断扩展的渠道。值得关注的是，在乡村智力资源向城市流动的过程中，乡村的教育和文化也受到一定程度的削弱与打击，使之不得不让位于城市价值和规范。城市化已经深深地影响了土生土长的乡村孩子，即使他们成长于乡村，但是他们却在有形无形之中接受并追随着城市的文化和生活，并且抓住一切可能的机会奔向城市。

在现代化进程中，高等教育促进乡村学生各方面的发展，使得个人向社会上层流动成为可能，因此对高等教育的需要也越来越大，学历社会由此诞生。

首先，高等教育是智慧与身份的体现，接受过高等教育的人会获得尊敬、钦佩和声望，使权力和财富的取得显得更具合理性；其次，高度教育在提高个人经济地位方面作用突出，并且较传统知识技能而言，新型知识技能的收益期大大缩短；最后，社会发展瞬息万变，受过高等教育的知识分子，适应与掌握新事物的能力更强，他们能与时俱进、实时更新，适应社会发展新形势。从理论视角来看，20 世纪中叶，人力资本理论和"富不过三代"的"规律"都驱使乡村社会中的有远见者开始关注教育问题；从生活视角来看，接受高等教育可以提高个人眼界，拓宽交际圈，获得改变命运和改善生活质量的可能性。因此，在现代社会，乡村高等教育成为城市与乡村的社会流动的重要因素，具体体现在高等教育与社会资本聚集方面。

（一）高等教育与社会资本聚集

1.高等教育影响社会地位获得

第一，根据劳动市场分割理论，主要劳动力市场向知识与技能开放，并使其获得更多的升迁机会和社会地位。

比如，只有受过系统的、专门的知识与技能教育的知识分子，才有机会从事知识密集型产业。这也造就了高等教育在社会和个人发展上的独特的、至关重要的地位。学历的重要性体现在如下几个方面：首先，学历是知识和勤奋的象征；其次，学历是人取得较高社会地位的准入门槛；再次，学历是进入职场就业的敲门砖；最后，学历是决定个人收入和职业地位的关键因素之一。

教育能够改变自己甚至是后代的社会地位，能够改善家庭的经济状况，提高家族的社会声望。因此，教育改变命运的信念根植于广大人民的心中，人们抓住一切机会学习，克服困难进入大学，即便是思想相对落后的乡村居民也不遗余力，尽自己所能供养孩子进入大学学习。接受过高等教育的受教育者不仅当前拥有丰富的知识，也有着发展的潜力和吸取新知识的能力，同时具有胜任更高职位的能力和获得社会地位的潜力。高等教育和高收入行业紧密相连，"学历社会"是许多发达国家发展过程中的必经阶段。诚然，笔者认为学历社会实际上是社会发展的产物，是高度的技能化和专业化的表现，只不过学历作为进入社会的试金石，较易成为一种社会现象的标志被识别，因此，"学历社会"被用来代表当时的社会特征，并使学历社会这一定义具有较高的认同度和解释力。我国 20 世纪 80 年代中期的"文凭热"实质上就是人们对于社会地位追求的一个社会缩影。然而教育地位标准尚未形成，比如 20 世纪 80 年代初，脑体倒挂和现如今知识行业报酬给付机制不完备、不符合其自身特点，都印证了这一观点。

第二，高等教育用以实现社会流动。

高等教育实现的社会流动，在一定程度上不仅能够改变"大学生"自身的境况，如实现职业地位与相应社会地位的升迁，同时还能使其后代子孙也可以因此而获利，并被纳入社会福利的框架之内，从某种意义上实现地位的提升，使其子女实现了伴随性社会流动。与此同时，乡村社会环境中曾经普遍存在这种情况：当乡村中有一户人家的孩子考入大学，那么整个家族的社会地位、经济地位以及声望都会得到相应的提高。我国自古以来的传统文化中对教育有着一种根深蒂固认知，认为考取好学校便是改变命运的开始，对于整个家族而言都是值得骄傲的事情，有着光宗耀祖的思想在其中。除此之外，高等教育成功者（这里通常以高等教育大众化时代前的大学生，而非大众化时代实现之后的大学生，因其具体生活状态比较复杂，但发展的总体趋势仍然相同或相似）借由经济反哺与文化反哺等活动，一般能使其父母也随之产生一定的伴随性社会流动（此类流动可能是生活空间意义的，也可能是地位意义的），更甚者还会引发与其具有一定地缘与血缘关系的群体，以先于该群体的流动者所居住的城市为据点，大量进入城市的伴随性社会流动[①]。此类伴随性社会流动折射出了乡村社会中存在的乡村社会特有的人情关系和地理连续体关系。

第三，高等教育所带来的社会流动有助于权力体系的重建，形成更为合理的地位体系。

无论在哪个社会，个体都会受到不同程度的权力控制，权力给个体带来巨大的限制、压力和义务。在社会中，权力限制的对象和范围也是生长变化的。国外学者对此现状也展开了诸多讨论，比如英国社会学家迈克尔·扬就曾指出，未来社会中"成就原则战胜归属原则（归属原则指通过社会继替或分配取得个人地位）……社会发展的速度取决于权力和知识的结合程度……每个人在社会

---

① 王春光.社会流动和社会重构——京城"浙江村"研究 [M].杭州：浙江人民出版社，1995.

上的地位是按照他的'智商和努力程度'来决定的"①。我国社会也不例外，自古以来我国选贤举能以学历为基准，也造就了政治制度对文凭生产的独特作用。新中国知识与权力的结合程度最直接地通过录用干部的标准来反映。在1964年，毛泽东提出选拔接班人的5个条件：必须是真正的马克思列宁主义者；必须全心全意为中国和世界的绝大多数人服务；必须能够团结绝大多数人一道工作；必须遵守民主集中制；必须谦虚谨慎、自我批评、勇于改正错误②。这些标准符合当时的时代要求，但必须承认的是，这些标准并未涉及对知识、技术和学历水平的要求。这就为未来凭借知识技能选贤纳士预留出了巨大的空间。这样的标准使得有志向、有谋略的工农子弟得以进入仕途，为建设社会主义贡献了巨大的力量，但同时也导致了官员整体知识水平低，进入仕途对知识分子吸引力不强，官员中知识分子比例低。有数据显示1987年，仅有13.5%的官员有大学文凭。邓小平提出"尊重知识、尊重人才"的口号，提出干部"四化"的要求以来，在政策的指引下，"文凭热"逐渐在中华大地掀起。随着官员干部文化水平的提高，文凭逐渐成为获得权力的重要条件之一。正是如此，学历先行逐步向政治先行靠拢，知识分子将是未来权力的掌握者，这样的趋势在现代社会也越来越明显。

2.高等教育影响社会人际关系

人与人之间是需要互动的。人与人之间存在各种各样的联系，没有孤立的个人，因此我们说人是社会性动物。在人际交往过程中，为了保障社会公序良俗、确保社会的正向运行，需要确立科学的管理制度。正是这些由人类建立各种关系所带来的各类秩序的确立，使得政治飞跃。如同有的学者指出的，人员聚集同资本积累联系甚密。在我国古代，起初是依靠武力来维持秩序、建立统治的，后来逐渐依靠考试选拔如科举制，来选拔管理国家的人才，此时我国政治制度实现了突破性的进展，也使我国政治制度在世界上处于领先地位。可以肯定，在一定的政治格局下，人类社会秩序的建立和维护都需要对人进行某种形式的规训③。在当今社会，高等教育就是规训的一种，人类因此进行分流，融入不同的社交圈。如图所示，可将高等教育对人际关系的影响概括为人际交往圈、婚姻圈和社会文化圈三个方面（图2-1）。

---

① 张人杰.国外教育社会学基本文选 [M].上海：华东师范大学出版社，1989：242.
② 李强.当代中国社会分层与流动 [M].北京：中国经济出版社，1993：285.
③ 米歇尔·福柯.规训与惩罚 [M].北京：生活·读书·新知三联书店，1999：193.

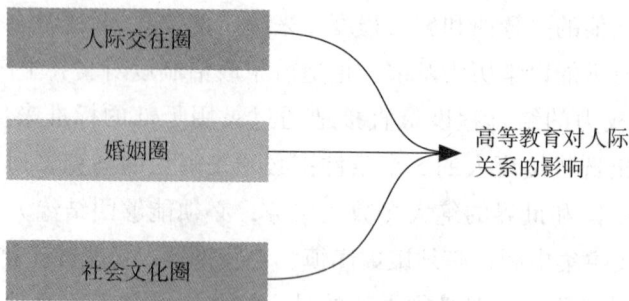

图 2-1　高等教育对人际关系的影响

（1）人际交往圈

高等教育活动涉及多方的关系，包含教育者、受教育者、教育手段与教育内容之间的关系，是一个复杂的系统。就受教育者和教育者而言，其在交往过程中存在师生之间、师师之间和生生之间的关系，他们之间除了学习关系、工作关系还有合作关系、互助关系以及情感联系等等。他们之间涉及各种各样的社会资源。高等教育是一个社会发展的符号，通过高等教育，个人可以收获很多资源，如文化资源和社会关系资源。比如朋友之间的关系是否亲密，用语言去描述其实是无法令人信服的，那么要怎么去判断呢？不妨试着去观察他们的约会次数，单独约会次数越多，朋友之间的关系也就越亲近，能否单独约会起着分辨日常交往活动中亲疏的作用，区别着"你们"和"我们"之间的关系。因此，单独约会虽然是再日常不过的活动，却蕴含着社交关系互动中的重要密码。这一浅显易懂的例子很好地解释了我国的社会交往关系。诚然，能否接受高等教育，从表面上看是个人付出努力的程度以及个人学习能力的显现，但是正是在这个节点造就了不同知识水平的个人，自此个人身份有了区别，同朋友之间的交往一样，有了"你们"和"我们"之分，划分了不同的阶层。在我国乡村地区，本身就存在特有的熟人关系、亲缘关系和地缘关系，这些关系本身就已经将村民划分了亲疏，存在"你们"和"我们"的不同圈子，这些圈子之间交叉重叠，使得社会关系网络纷繁复杂。

彭拥军在湖南中部某大学进行了一项关于大学生产出情况的调查，通过实地研究和数据分析得出结论，大学生的产出存在家族、血缘和村落集中的现象[①]，也就是说这个家族只要出现了一个大学生，家族观念受到一定的影响，那

[①] 彭拥军.教育对农村人口社会流动能力的影响——基于阶层背景实证材料的分析[J].高等教育研究，2007（8）：50-53.

么在这个家族中就可能会出现更多的大学生，甚至这个村落，人们也会受此影响，愿意通过努力进入大学学习的人就会更多，并且这种影响相当持久，具有世代的延续性。这种现象能够预测他们的同辈亲属以及子孙后代受教育程度，潜移默化地影响他们是否愿意接受高等教育的想法以及相应的努力程度。

（2）婚姻圈

对于"婚姻"一词，我国古代着重于婚姻的形式——嫁娶仪式这一解释，以及由婚姻这一事实而衍生出来的社会关系——夫妻关系和姻亲关系。

婚姻是最常见的社会现象之一。从社会学视角来看，婚姻是男女两性之间一种特定的社会关系。"对一夫一妻制来说，结婚是由社会批准的男女之间的特殊社会关系，它是形成家庭的基础和家庭的核心。"

因此，可以对婚姻做如下定义：婚姻是在性爱基础之上的，为社会或国家所认可的男女两性结合、维持、适应和解体的过程，即婚姻过程。婚姻是为一定的社会制度所确认的男女两性的结合。

首先，婚姻的生理基础是一个正常人达到一定的年龄和生理成熟阶段后，出现的对异性的向往和对性的要求；其次，婚姻的心理基础主要指由男女遗传因素所决定的和由生理因素造成的性心理活动，主要包括男女性别角色的认同、性机能反应和性的欲望；再次，婚姻的社会基础主要表现为社会环境因素对婚姻关系生成、维持、适应和解体的制约作用，主要包括性环境因素、个体的经济社会地位、社会意识形态和国家的政治法律制度等①。

婚姻不单单是两个人的结合，更是两个家庭的文化的融合。有一项调查研究发现，学历较高的人的配偶学历水平也相对较高，高学历者在一起通过养育下一代，使得学历成就在他们的小家庭中实现了血缘上的扩大和传递。然而这种成功与其说是受遗传因素影响，倒不如说受父母双方共同的意识形态和价值观的影响，使得他们的后代认识到知识和教育的重要性。也就是说，父母对高等教育的价值判断会直接影响他们后代对高等教育的价值选择。再加上父母良好的榜样作用，使得高学历者的后代更加努力地追求学历上的成功和更高的社会地位。

（3）社会文化圈

高等教育可以使受教育者掌握更多的社会文化资源。人出生的时候没办法选择自己家庭的社会背景，但是后天可以通过多种途径改善不够理想的家庭背

---

① 刘伟民．中国式婚姻报告 [M]．广州：广东科技出版社，2009：63-64.

景和社会资源。当人们认为高等教育收益高，能提升社会和文化资本，也就是说读书有用时，那么家庭和个人就会选择接受高等教育①。

诚然，进入上层社会是大多数人的追求，大部分人通过模仿上层社会的生活方式和行为，扩充自己的人际圈子，试图认识更多的高社会地位的朋友，这种进入高等社会的交往方式是一定的文化符号。当然，高等教育也是获得社会文化资源的途径，让我们能接触到不同的社交圈子，认识形形色色的人。高等教育使受教育者更易获得更高的社会地位，不管是古代社会形成的"读书、应试、做官"流程化的文官培养制度，还是当今社会的能人政治，都是学历在政治文化上的缩影。对于乡村居民而言，接受高等教育是提高社会文化地位最现实和最靠谱的路径，正是受这样的文化影响，教育对乡村高素质人才流入城市起着重要的推动作用。然而随着高等教育的不断普及，高学历者越来越多，其推动作用明显减弱，甚至与乡村社会生活需求和社会主流的文化之间产生了新的距离。我们从如下几点分析其中的缘由：第一，高等教育不仅要投入时间资本，还要投入金钱资本，收益周期长，并且带有很大的不确定性，再加上乡村居民当下想要增加经济收入等的需求，可能会致使乡村居民不得不权衡利弊再做出选择；第二，随着社会经济的发展，乡村居民可以从各种渠道进入国家福利体系，不再只有读书这一渠道，获得生存资源的方式方法越来越多。

也就是说，高等教育的内涵是建立在对知识分子的尊敬、对知识地位的认同之上的。高等教育在社会文化中扮演的角色越重要，学习生活对个人的社会流动方面的影响就越大。同时，高等教育对于社会价值引导的程度越深，对于乡村人力资源向城市流动的趋势越明显，对于乡村的发展促进作用也就越显著。

（二）高等教育与城乡关系间的连合

乡村高等教育的影响，就国家层面而言，体现在乡村人力资源的流动形式和城市与乡村之间的关系上；就个人而言，乡村高等教育能够实现个人的身份的改变、地位的提高、生活方式的改变、生活空间的变迁以及价值观的调整。高等教育与城乡关系间的连合体现在如下四个方面（图2-2）。

---

① 陈方红.农村家庭高等教育选择研究[M].南昌：江西高校出版社，2017：52.

人才资源流动与乡村人才流失和乡村式微相伴而生

教育诱发的社会流动致使亲缘、血缘等关系错综复杂

大学生促进城乡间生活方式的交融

大学生是城乡间价值观念和生活方式多样化差异的纽结

高等教育与城乡关系间的连合

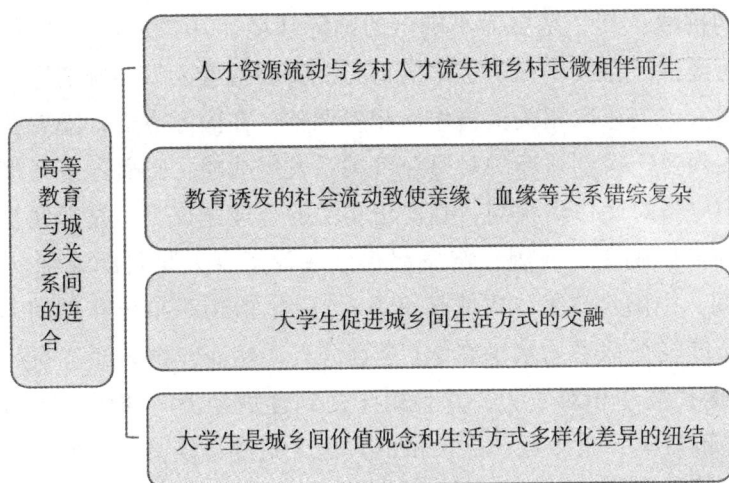

图 2-2　高等教育与城乡关系间的连合

1. 人才资源流动与乡村人才流失和乡村式微相伴而生

高等教育使得受教育者从乡村向城市跨越，从农业到各行各业跨越。于个人而言，他们实现了社会地位的提高、身份的转变，甚至可以进入上层社会，改变自己甚至亲属面朝黄土背朝天的命运；于乡村社会而言，弊端初显，比如乡村人才资源流向城市，使得乡村基层管理部门智力资源缺失，造成乡村社会政治落后，乡村得不到很好的发展。

另外，经过 60 年的艰苦奋斗，我国的经济结构经历了几十年来最重大的变化。以往的几十年中，伴随着中国经济的腾飞，越来越多的目光开始聚焦中国。单纯从经济学角度出发，

令人惊奇的并非是飞快的经济增长速度，而是那些新古典经济学说在现实中的具体表现：工业化程度不断加深、技术飞速进步、人才资本积累以及高投资、高储蓄等。而我国经济的飞速发展也得益于良好的国际环境与有利的人口结构。

中国从经济开放中受益，但中国的经济开放不是一场急功近利的只求速度的开放之路，中国经济开放是关注经济平衡、科学发展，并始终坚持着带有强烈社会主义特色的开放，其具体特点表现在四个方面：其一，实施市场换技术政策，其二，在某些战略性部门对国外直接进行投资，其三，实施不对称的进出口政策，其四，有管理的汇率。在此期间，国有企业在其中占据着重要地位，并且享有市场准入与获得信贷的特权。展望未来 30 年，我国经济发展可能面临

两个方面的挑战：其一是更为不确定的国际环境，其二是人口结构的再调整。资本积累对经济可持续增长所带来的动力，将会随着人口结构的恶化而不断减弱，故此国家应当采取相关措施作出相应调整。在国际方面，随着我国经济规模持续扩大须要国家部署新的对外经济关系发展战略。随着经济环境等因素的变化，我国应当对此作出预判，并提出相关的合理建议。但是即便是在变幻莫测的经济环境影响下，我国经济发展仍然取得了令人瞩目的成绩。在1954—1977年期间，中国经济平均年增长率为6.14%；1950—2000年期间，中国经济的年增长速度较全球平均水平高2.1个百分点。然而，中国经济在此期间发展的前30年增长波动相对较大，并且由于受到计划经济时期所采取的优先发展重工业政策的影响，重工业产品价格的人为太高使得经济增长速度被高估。整体来看，经济的可持续增长发生在1978年之后，即1978年至2018年的40年间，中国经济以每年9.44%的速度持续增长。中国经济结构也随之作出了相应的调整，调整具体体现在两方面，一是去工业化，二是告别出口导向型增长模式。伴随着这两种变化，国家的经济再平衡已经实现，除了投资率与储蓄率下降之外，劳动收入比重也已经停止下降，服务业比重正在不断增加，此外，经济的整体增长速度放缓，并更多地依赖于国内市场需求①。正是这种结构上的变化，影响着乡村智力资源的流动，智力资源流动也呈现结构性变化。并且，城乡教育资源不均衡，乡村撤校并校现象以及乡村长期以来经济发展滞后，使得乡村教育越来越落后，出现"会宁现象"，即落后地区努力培养出的人才不断出走，进入城市，进入上层社会，为城市的发展添砖加瓦，然而生养和培育这些优秀人才的故土，却成了他们不愿意回去的地方。当成功的教育没有为乡村留住人才，反而将人才输送出去时，乡村处于弱势地位，得不到发展，日益衰弱。

教育会伴随着社会政治制度的结构性变化而变化，进一步影响乡村人才的流向。因此，要缓解乡村之痛，促进乡村的发展，提高乡村的地位，拓展乡村的教育资源。国家应制定相应的制度法规，引起人们对乡村教育的重视，加大对乡村教育和乡村经济建设的政策上的扶持，振兴乡村，吸引大量人才进入乡村，努力缩小城乡差距，建设社会主义美丽新乡村。

2.教育诱发的社会流动致使亲缘、血缘等关系错综复杂

乡村学生在教育上的成功会强化乡村原本就存在的人情关系，村民几乎都是顶着多方压力，承受着时间和金钱资本和孩子不确定的学习结果的压力，才

---

① 姚洋.中国经济的结构性变化及相关建议[J].中国经济报告，2021，126（4）：152-154.

能供养出来一个大学生，尤其在贫困地区的乡村，供养出来一个大学生几乎是整个村落都为之自豪的事件。不容易自然也是被很多乡村大学生看在眼里的，因此当他们成功之后就会尽自己所能来回馈亲戚的培育。然而，现实中，这些大学生学成之后，大部分会选择留在条件更好的城市发展，地理上的距离使得之前的人情关系不断弱化。这些人的子女自然而然地出生在城市，享受着城市丰富的资源和美好生活，甚至认为城市就是他们的家乡，而对曾经生养他们父母的故乡不甚了解。这些大学生的父母自然也会进入城市，一方面是为了照顾孙子孙女，另一方面也是为了和自己的孩子住在一起，以缓解思念之苦。从此，他们以大学生工作和居住地为据点，围绕大学生进行亲缘和血缘关系上的社会流动，而这种流动波及的自然是大学生最亲近的家属和亲戚，也就造成了和一部分没有那么亲近的乡亲之间的断层。大学生甚至有的逢年过节才会回到自己的家乡，由于生活条件和知识水平的变化，这时他们与乡亲似乎也无话可谈，尤其是家中是两代以上的大学生，家乡已经不再能容纳他们，而只是成了他们落脚的地方，他们与家乡的联系也就越来越少。以工作单位和居住的社区为主，这些大学生逐渐有了新的关系网络，并逐渐远离乡村，弱化了原本的地缘关系，使得乡村社会中的关系较为复杂。

3. 大学生促进城乡间生活方式的交融

教育诱发的社会流动不但致使亲缘、血缘等关系错综复杂，而且我们可以观察那些从乡村走出来的受过高等教育的大学生，他们和之前乡村的朋友亲戚之间的交往次数是否逐渐减少，答案是肯定的。他们的交往对象自然也更多地变成了大学的同学和身边的同事，同时，交往方式和语言上也表现出相应的变化。不需要出身和金钱的加持，自身的知识文化实际上就是他们的身份体现。与为了生计进入城市打工的村民不同，他们是凭借自己的努力获得了国家和社会的认可，是作为优秀的人才进入城市的，是被大多数不管是城市人口还是乡村人口所仰慕与敬佩的对象。他们自身也没有作为乡村人的自卑，反而为自己能进入城市，获得立身之地而自豪。

一言以蔽之，这些大学生会成为城市和乡村之间沟通的一架桥梁。一方面，他们接受过高等教育，留在了城市，为国家发展服务，知识文化水平高，能适应不断变化发展的社会，顺应时代的潮流，能融入城市之中；另一方面，他们是父老乡亲们身边的榜样，在乡亲们看来，进入城市是通过自身努力也能够得到的发展方向，高等教育也是村民进城发展的凭托。

也正是因为这些乡村的大学生文化和心理上的两栖性，促进了城乡间生活方式的交融，使得城乡之间进行文化碰撞，对彼此也更加了解。

4.大学生是城乡间价值观和生活方式多样化差异的纽结

上文我们提到，那些从乡村走出来的受过高等教育的大学生，他们和之前乡村的朋友亲戚之间的交往次数逐渐减少，并且他们的交往对象自然也更多地变成了大学的同学和身边的同事。再加上和自己家乡距离远，渐渐地他们回家乡的次数越来越少了，而人与人之间的关系是在接触和互动中培养的，因此，进入城市的大学生和他家乡的亲戚朋友在心理上的距离也越来越远。除了高等教育以外，乡村居民也通过其他途径进入城市谋生，而无论是哪一种流动方式，都会带来城乡间的价值观念和生活方式的碰撞。对于大学生而言，他们更是处于一种骑虎难下的境地。一方面，他们的根在乡村，所以身上必然存在着原来乡村的生活方式，这些生活方式伴随着他们的成长，并没有那么容易改变；另一方面，他们又不得不做出一定的改变，来适应城市的生活，那些城市人习以为常的事情，在他们看来却十分新奇，甚至要下功夫去学习，乡村生活方式成了他们的累赘。

价值观指一个人对周围的客观事物（包括人、事、物）的意义、重要性的总评价和总看法。在不同时代、不同社会生活环境中形成的价值观是不同的。一个人的价值观是从出生开始，在家庭和社会的影响下逐步形成的。一个人所处的社会生产环境及经济地位，对其价值观的形成有决定性的影响，当然，报刊、电视和广播等宣传的观点以及父母、教师、朋友和公众名人的观点与行为，对一个人的价值观也有不可忽视的影响[1]。大学生的价值观也会在乡村价值观和城市价值观之间摆动，造成心理冲突。

二、乡村人才回归与乡村发展

费孝通认为，中国乡村社会是在传统礼俗制约下的生于斯、长于斯、死于斯的熟人社会，传统中国的社会结构呈现出差序结构。也就是说，中国传统的社会关系是按照亲疏远近的差序格局原则来确立的，"以'己'为中心，像石子一般投入水中，和别人联系形成的社会关系，不是像团体中的分子一般大家立在一个平面上的，而是像水的波纹一般，一圈圈推出去，愈推愈远，也愈推愈薄"。"中国乡村社会的基层结构是一种所谓'差序格局'，是一个一根根私人

---

① 李竹梅.大学生职业生涯与发展规划[M].北京：现代教育出版社，2016：104.

联系所构成的网络。"①尤其是随着社会主义市场经济的发展以及经济结构的变化，乡村社会关系也发生了一些转变，具体体现在四方面：首先，乡村人的凝聚力下降，对于乡村的认同感普遍降低；其次，随着乡村人口的外流、聚居地的改变，村民之间的空间和心理距离不断拉大，之前的熟人关系大大削弱；再次，社会主义市场经济下，村民之间的利益关系也不断复杂起来；最后，乡村交往中的人际关系也受到一定程度的弱化。这些使得乡村生活貌合神离，似乎随时可能四分五裂，然而，事实上乡村的结构形式存在一个维护系统，这个系统包含着如下要素（见表2-1）。正是在这四要素的配合之下，乡村系统能够平稳运行。

表2-1　维护乡村结构形式的四要素

维护乡村结构形式的四要素	伦理控制	所谓伦理控制主要是通过传统、习俗、习惯等一些非制度化的社会规范制造一种无形压力，非强制性地迫使人们无可奈何地顺从既定社会秩序，进而实现整合社会行为的社会过程
	政治控制	所谓政治控制主要是指政党、国家和（或）政府通过运用各种制度化的权力、行政手段以及舆论宣传方式，在社会成员中贯彻自身的意志和意识形态，强制性地要求社会成员接受政治行为规范的社会过程
	资源控制	所谓资源控制主要是指特定的社会组织和个人通过占有和分配各种短缺的政治、经济、文化和社会资源、利益和机会的方式，造成一种依赖的社会环境，迫使社会成员不得不以服从为代价换取短缺的资源、机会和利益，从而实现约束人们社会行为，实现社会整合目的的社会过程
	法律控制	所谓法律控制是指通过制度化的社会规范，强制性地整合人们的社会行为、维护既定社会秩序的社会过程

那么在平稳运行的乡村生活中，如何促进乡村人才回归乡村发展呢？笔者

---

① 费孝通.乡土中国 生育制度 [M].北京：北京大学出版社，1998：27，31.

将从乡村能人的视角进行探索。

（一）乡村能人是人才回流的样本

我们对乡村能人的特质作了如下表述：有技术、懂管理、善经营、会交际。在这些人中，有的是"十八匠"，有一技之长；有的是"老管家"，有治厂之经；有的是业务通，有经商之道；有的是"孙悟空"，有应变之能①。乡村能人既不同于传统意义上的农民，又不同于通过高等教育走出乡村的大学生，他们处于中间阶层。

乡村能人是乡村中的精英，他们属于乡村中少有的成功人士，并掌握着一定的经济、政治资源。首先，他们是制度变迁的产物，他们抓住了改革开放、社会主义市场经济体制和恢复高考制度的红利，凭借前瞻性的目光和勇于探索、敢想敢干的精神，获得了一定的财富、地位和话语权。其次，在乡亲父老眼中，他们既是身边最熟悉的同乡，又是令人羡慕的榜样般的存在。他们似乎是那些村民们努努力就能够得着的对象，从能人身上，乡亲们仿佛看到了希望，看到了自己改变乡村命运的道路。能人是他们身边的厉害人物，不是虚无缥缈而是真实存在的。而且他们还是乡村居民对外炫耀的对象，自己村子能出一个这样的能人是令他们骄傲的事情，仿佛认识他们，自己也更有面子。最后，乡村居民变身能人的路径不外乎政治、经济、文化这几条路径，因此政治能人、经济能人和文化能人在乡村相继出现。现实中，乡村势力的减弱在政治上也有所体现，乡村出现了一些政治能人。经济能人是指，随着改革开放，我国经济社会大发展，乡村居民通过投资办厂、下海经商等形式，经济实力大增，逐渐富裕起来，甚至开始对政治和教育层面起到促进作用，有的甚至成为大企业家，为全国上下所认识，成为公众人物。另外，随着高考制度的恢复，有一些乡村学子不负众望，考入大学，接受高等教育，他们便是乡村中的文化能人。文化能人毕业后，进入城市工作居住，他们打破了城市和乡村之间的壁垒，一定程度上促进了城乡之间的交融。

乡村能人是乡村居民身边的成功的榜样，对乡村社会的导向作用如下图所示（图 2-3）。

---

① 中共兴山县委政策研究室 . 兴山之路 经济发展战略 [M]. 武汉：湖北人民出版社，1993：107.

图 2-3　乡村能人对乡村社会的导向作用

　　"能人效应"是示范效应、公益效应、信息共享效应与磁化效应在农技推广过程中的综合体现，提出相应对策扩大"能人效应"，以期带动多元主体参与现代化农技推广，进一步完善现代化农业技术推广体系①。"能人效应"是很多先进乡村的成功经验所在。

　　比如，成都十佳返乡创业带头人李亚梅（李娅）自小便深受家乡文化底蕴的熏陶，多年来更是潜心钻研木艺文创，倾心致力于将家乡文化传播于世界。她以都江堰山、水、人文、道、熊猫文化为切入点，以社会主义核心价值观为文创表达方向，研发出一系列充满地域文化特色的旅游文创产品。以木作托起思想，将理念融于都江堰，她的木子尹工坊为都江堰乡村振兴和本土品牌发展默默贡献着巾帼力量。在乡村中有一大批观念新、见识广、能力强的乡村"能人"，他们积累了一定的技术、经验和创业资本，积极发展优势主导产业，领办农业龙头企业，成为创业兴业的致富带头人。激活能人资源，释放能人效应，实现能人带众人，众人变能人，成为富裕一方百姓的妙招。

---

① 朱英，章琰，宁云.现代化农业技术推广中的"能人效应"[J].中国科技论坛，2021（08）：120-125.

（二）乡村能人是传统文化和现代政权交融的纽带

自古沿袭下来的乡村生活中，人们行为的重要支配力量来自血浓于水的血缘关系以及亲戚关系；随着中华人民共和国的成立，政治权力也逐渐下沉，逐渐变为社会的重要力量；社会主义市场经济的发展，也使得经济作为一种新的、独立的力量站在了重要的位置上，并且经济的作用越来越重要和显著，这其中不乏乡村能人的推动作用。那么乡村能人是如何应运而生的呢？

1.家庭功能的扭转为乡村能人的出现提供了可能

我们每个人都拥有家庭，家庭是我们的港湾，是我们可以依靠的地方，也是我们出生以来就一直居住的地方，家庭在我们的成长成才过程中也发挥着至关重要的作用。对于乡村家庭而言，也是如此。乡村家庭功能在社会的变迁中不断地更新变化，而这其中的变化也为乡村能人的出现提供了可能性。

关于家庭的定义是什么呢？现今社会，家庭可以有多种定义。其中一个定义为"住在同一屋檐下并有同一家长的一群人"。随着社会的不断发展，家庭的定义也在不断更新和完善。传统的家庭定义为"在同一处居住的，靠血缘、婚姻或收养关系联系在一起的，两个或更多的人所组成的单位"。但是随着社会的发展与变迁，1980年家庭的定义被延伸为"家庭是提供社会支持，其成员在遭遇身体或情感危机时能向其寻求帮助的，由一些亲密者组成的团体"。这个定义更加强调了家庭的功能，几乎覆盖了这些年社会上所出现的各种形式的家庭，包括同性恋家庭、同居家庭、单亲家庭，但似乎忽略了家庭的法律特征。随后又有学者提出了一个现代被大多数人所认可的家庭定义："家庭是通过生物学关系、情感关系或法律关系连接在一起的一个群体。"[①]

所有家庭都有其特定的功能以满足个体的需求，维护家庭的和谐。我们将家庭对人类的效能与功用称为家庭功能。通常来说，可以将其划分为七大类。其一，生育功能：家庭通过夫妇配合、确立婚姻、建立双系抚育等制度确保生育功能得以实现。家庭的生育功能可以确保家族的正常繁衍，让社会得以正常延续，也就是说，人口是社会得以存在的重要基础。其二，性生活功能：被社会风俗与法律认可的性生活必须是发生在合法夫妻关系中的，这一生理功能对于社会的稳定、家庭的巩固以及人的个性都有着一定的影响。其三，抚养与赡养功能：个体自出生到成人的这一阶段，需要家庭长辈的照顾与呵护，无论是

---

① 路孝琴.全科医学概论 供五年制临床医学专业用[M].北京：中国医药科技出版社，2016：56。

在情感方面还是生理方面，同时当个体步入老年之后，同样需要家人的陪伴与照料，子女必须要尽到赡养义务。上述的两种情况都是其他任何一家社会机构所无法替代的。其四，经济功能：家庭的经济功能涉及到家庭中的消费、交换、分配与生产，它是家庭功能得以实现的重要物质保障，可以满足家庭成员生存所需。其五，教育与社会化功能：家庭成员间彼此教育以实现社会化，以及通过父母教育子女使得子女的社会化得以实现的功能。这里更加强调后者的教育与社会化功能。其六，感情交流功能：情感交流是每一位社会成员的心理需求。而家庭精神生活的组成部分便是感情交流。家庭成员的交往是最真实、最纯真的，它对于人一生的情感培养、品质养成、性格发展都会产生重要作用。其七，体育与娱乐功能：家庭娱乐对于儿童而言至关重要，儿童在家庭游戏之中获得知识；对于成年人而言，增加乐趣与调剂生活是家庭娱乐的功能体现[①]。随着社会的发展和政策制度的变革，乡村家庭功能正在发生着微妙的变化。概括而言，体现在四个方面，如图所示（图 2-4）。

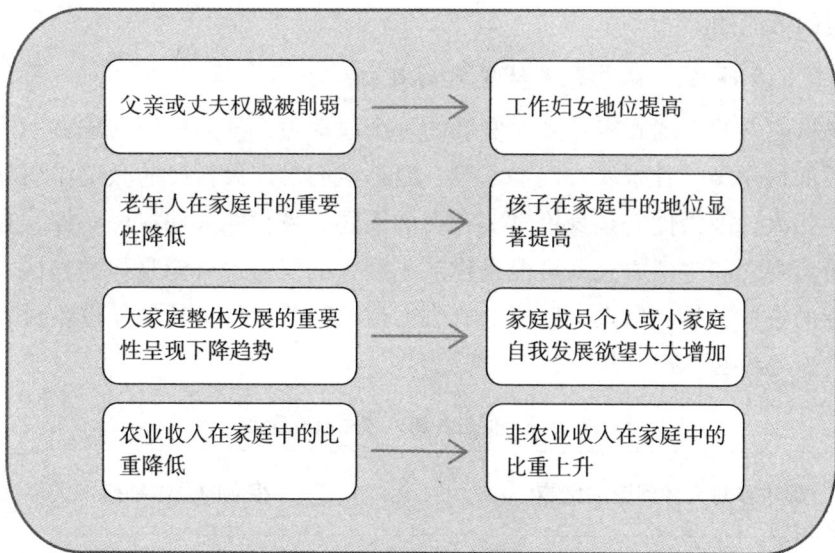

图 2-4　乡村家庭功能的变化

也正是这样的家庭功能变化，给了乡村个人更多展现自身才智和本领的容身之地。他们更多受到来自家庭的支持，不再受男女差异的世俗眼光的束缚，无论男女都拥有同样的发展机会。他们得以在社会的各行各业展示优势、发光

---

① 沈佩琪，张丽微 . 学前儿童家庭与社区教育 [M]. 长春：吉林大学出版社，2017：8-9.

发热，成为乡村能人。

2.乡村能人的出现预见了村民走出传统的可能性

乡村能人能起到带头作用和榜样示范作用，吸引更多的村民成为乡村能人，为乡村的发展服务。怎样才能发挥乡村能人的带头作用呢？应注重在乡村集体经济组织及一般乡村经济组织发展进程中发挥乡村能人的示范作用，以能人示范带动外出农民工回流乡村，破解乡村空壳化难题[1]。

发挥乡村能人带头作用，韦伯将权力的来源分为传统型权威、法理型权威、魅力型权威。乡村能人凭借自身优势，获得村民的认可与支持，掌握着更大的话语权，在制定村规民约的时候能够代表村民意志建言献策，能够发挥自身模范带头作用，能够发挥交际优势[2]，促进村民对高等教育的理解，使得更多的村民看到高等教育的重要意义，并且付诸实际行动，进入高等院校学习科学文化知识，并成为文化能人，提升自身的社会地位和经济、政治地位，使得他们的下一代也能享受更多的资源，甚至去感染和激励更多的村民，让村民们看到走出传统的可能性。

（三）乡村人才回流是乡村发展的目标

乡村能人的出现确实是乡村发展的一个原动力，虽然他们的成就不能等同于伟大的科学家、音乐家、钢琴家等，但是他们对广大村民的激励作用却不亚于那些伟人，因为他们是身边真实存在的人物。乡村能人和村民一样，有着共同的价值观念和生活方式，可能是你从小到大的玩伴，可能是你的邻居，也可能是你的亲戚，是乡村人才回流的有力力量。除此以外，其他促进乡村人才回流的措施可参见下表（表2-2）。

表2-2　促进乡村人才回流的措施

促进乡村人才回流的措施	相应的具体举措
政府政策的推动	改革户籍制度、就业制度、社会保障制度和福利制度，在一定程度上降低对乡村的歧视，有利于乡村社会流动向智力流动的转向以及乡村人口对新身份的积极认同

---

[1] 魏礼群.中国社会治理现代化[M].北京：中国言实出版社，2019：67.

[2] 郑璞.基于自主治理理论的农村环境治理机制研究——以浙江省金华市金东区为例[J].现代农村科技，2020（1）：92-95.

续表

促进乡村人才回流的措施	相应的具体举措
社会流动向智力流动转向的良性推拉机制的形成	依靠科学技术促进社会生产力的整体协调发展已经逐步深入人心并在社会发展中起到了积极作用，城市的诱惑和乡村自身对出路的追寻分别成为乡村社会流动的外在拉动力和内在推动力
建立覆盖全体社会成员的福利保障体系	城乡平等的失业救济、养老保险、劳动技能培训和医疗服务等一系列社会保障体系，有利于淡化城乡壁垒，促进乡村人才回流
积极推进新农村建设工作，提高乡村自身的服务能力及对知识和人才的吸纳能力	比如土地合理流转、农民技能培训等等，都将有利于促使乡村成为一个与城市相媲美的生活场所

三、乡村人才流动与乡村政治、经济、文化再造

前文提到，乡村能人包含政治能人、经济能人和文化能人。所谓政治能人指一批出众的乡村基层干部，他们权力不大，但威望很高，才能卓著，善于抓住机遇，带领本乡创造了一个又一个辉煌的成就，影响可能辐射一个地区乃至全国，他们是乡村集体经济发展的带头人[①]；经济能人是指先富起来的企业家、工商户、乡村大户等在改革开放后率先走上致富道路的相对富裕阶层，他们是先富起来的经济能人，他们的崛起带动了基层经济发展，产生了"先富带动后富"的效应[②]；所谓文化能人，是指一些有文艺特长并有一定组织能力、热心文化事业的农民，他们的根扎在乡村，是新乡村文化建设的领头人[③]。

作为民主政治的核心，政治参与是乡村人才得以回流的一个重要因素。政治参与可以在政府制度与村民的权益之间找到一个平衡点。自然，这些能人就处在维系平衡点的重要位置，他们不像那些缺乏政治话语权的普通村民以及乡

---

① 王克安. 中国农村村级社区发展模式——个案实录与问题及对策 [M]. 武汉：湖北人民出版社，2001：568.

② 覃国慈. 发展社区治理的实证研究 [M]. 武汉：湖北人民出版社，2018：184.

③ 辛刚国，王兴朝. 新农村建设文化热点面对面 [M]. 兰州：甘肃文化出版社，2008：249.

村的人才流动者，他们是基层政治的亲身参与者和维护者。我国存在党、政这两种政治机构，乡村能人也就存在于村委会和党支部之中。他们是乡村政治的代表，是乡村政治的传声筒，是乡村政治、经济、文化的执行者，对于乡村的政治生活的发展起着基础却又伟大的作用。随着制度的变迁，乡村的基层组织——村干部、小组长，他们不再下达令人唯命是从的命令来治理乡村，往往也要凭借一定的人情，比如友情、亲情和精神、物质激励等等，动之以情，晓之以理。这也为经济能人进入基层政治社会奠定了一定的物质基础。乡村基础组织机构建设较为薄弱，乡村本就是熟人社会，造成了基层领导干部缺乏权威的现象，再加上村民文化水平较低，不理解一些政策，存在不服管教现象，这就不利于基层工作的展开。因此，乡村能人作为乡村中较有威望的成功人士，在村民心目中是较有号召力的形象，村民往往比较信任这些人才，他们对于乡村人才流动与乡村政治再造有着正向的影响。一个文化能人往往能带动周边几户，甚至一个村的群众自主开展文化活动。这些都将有利于乡村政治、经济、文化的再造。

（一）乡村人才特点

乡村人才出身于乡村，自然更了解乡村情况，在他们接受过高等教育、提高了自身的知识水平和政治素养后，他们会更有自己的见解，能够因地制宜地制定出适合乡村发展的方案。他们是沟通城市和乡村的纽带，可以将城市先进的思想传递到乡村，同时又让城市看到乡村与众不同的一面。

乡村教育的发展有利于培养乡村人才，乡村人才一般有如下的特点：首先，乡村政治人才大都接受过一定程度的教育，他们相信教育能够改变命运，自己努力接受教育，也会为自己的子孙后代创造机会接受高等教育，同时能向自己的村落传递先进的思想；其次，乡村人才具有一定的远见和政治能力，他们见识过城市先进的物质、精神和政治文明，能够从多角度全面地接纳信息，从而服务乡村、治理乡村，探寻转变乡村落后局面的办法；再次，乡村人才思路敏捷、处事灵活、懂得变通，能够处理好村民和乡村政治工作的关系，协调好各方矛盾；复次，他们敢闯敢拼，不怕苦不怕累，勇于探索，求知欲旺盛，不断更新自己的知识，不断创新；最后，他们知识经验丰富，属于乡村的精英人士，是村民身边的榜样、村民学习的对象。

（二）乡村人才发展的条件

乡村的人才崛起于剧烈变革的社会环境中，是各种因素相互作用最终形成某种"合力"促成的。

其一，体制变革为乡村人才的崛起提供了空间条件。党的十一届三中全会以后，人民公社体制逐步解体，实行家庭联产承包责任制的新政策，颁布了《中华人民共和国村民委员会组织法（试行）》，实行村民自治。乡村基层干部和农民有了管理社区事务和生产经营的自主权，有了相对独立的经济利益。经村民民主选举产生的村干部也不必再像昔日那样时时处处听命于"长官意志"，可以依据本村实际状况采取各种形式促进乡村经济的发展，在市场经济大潮中一搏风浪。

其二，政府行为为乡村能人的崛起提供了政策支持。首先，在宏观政策上鼓励一部分地区、一部分人先富起来；其次，在各项具体政策如信贷、税收、技术、信息等方面给予优惠与支持；再次，各级地方政策也给予乡村非农经济发展以各种帮助。在这种有利的大环境下，政治人才可以充分运用掌握的政治、社会资源，调动农民的积极性，发展农业生产和非农经济。

其三，社会期待的强化为乡村人才提供了发展动力。以经济建设为中心的新时代，广大农民热切希望早日富裕起来，希望有一个好的带头人带领他们奔小康，那种只会埋头苦干、机械传达上级命令的基层干部已不能满足他们的要求。同时，国家也希望乡村基层干部迅速转变观念，掌握带领农民致富的知识与技能，推进乡村改革。这种角色期待使一部分基层干部认识到了自己的不足，自觉地向社会所期盼的方向靠近，也使一部分懂经营、善管理的时代弄潮儿被农民推到历史的前沿。

其四，个人素质的某些优越性为其成长为乡村人才提供了必备的前提条件[①]。他们一般十分努力刻苦，接受过高等教育，见识过更广阔的社会。他们有过人的才智，能凭借高等教育带来的机会地位，为改善乡村出力。

（三）乡村人才问题现状及对策

虽然乡村的各方面建设取得了一定的进展，在乡村教育的推动下，乡村各行各业人才不断涌现，但是，不得不承认，同城市相比，乡村还是处于弱势地位。

乡村发展问题实际上也是人才问题。乡村人才问题现状如下。首先，乡村人才外流现象严重。逃离乡村是许多乡村孩子努力学习考入大学的目标之一，

---

① 王克安.中国乡村村级社区发展模式——个案实录与问题及对策[M].武汉：湖北人民出版社，2001：569-670.

他们接受高等教育不是为了建设自己的家乡，反而是要远离自己的家乡，家乡父老拼尽全力培养的人才就这么流失了。其次，乡村人才观念落后。一些村民习惯沿用传统的技术和观念，忽视知识、科技的重要性，从而导致农业产品缺乏竞争力，农业生产与市场需求脱节，这严重阻碍了自身和乡村的发展。再次，乡村人才数量不足。乡村居民观念落后，常常认为读书无用，有一个读书的孩子就意味着家里少了一份劳动力，多了一份经济负担，大部分的乡村人口没有那么长远的目光，他们不会选择让孩子读书，更别说进入高校读书。最后，乡村科技人才稀缺。随着5G技术、互联网的发展，企事业单位、商业、信息技术、市场流通、科学技术等各方面的人才需求越来越强烈。然而技术本就不先进的乡村地区，更为渴望技术的滋润，以实现乡村的振兴。

因此，乡村可以引进高素质人才，丰富乡村人才的储备。比如，通过高校招聘、人才博览会等形式引进高素质人才，又或者采取兼职、讲座等形式，从各个高校柔性引进专家人才，探索乡情桥梁，以政策为引领、以激励为导向，发现和启用乡籍人才返乡创新创业。乡村可以以点带面、结对帮扶吸引乡村人才，如组建一支农业技术专家团到基层担任农业辅导员，为基层产业发展送技术、谋点子，科学谋划发展；可以探索专业技术人才、企业等结对帮扶的机制，帮助壮大乡村集体经济，实现一定的经济积累；还可以加强振兴乡村的人才培训，激发内生动力。采取培训乡村人才的方式，提高本土人才素质，优选年轻干部到乡村振兴重点部门跟班学习、增长见识，为乡村振兴储备力量；择优选择村干部作为乡村振兴村级组织领军人才，通过与美丽乡村公司这样的致力于乡村振兴人才培训的企业合作，通过课堂授课、实地培训、座谈交流等方式，进行干部人才动态跟踪培养管理，开展乡村实用人才培养，打造一支懂经营、会管理的致富带头人。

因此，乡村要想吸引人才、留住人才就必须不断加强人才队伍建设，重视人才、服务人才、尊重人才、成就人才，为人才的发展营造良好的氛围，乡村才能获得良性的发展与循环。

第二节　高等教育与乡村教育的隐性联结

探究高等教育与乡村教育的隐形联结，首先应明晰当前时代发展的背景：乡村人口的心理与行为表现在当前社会的结构、关系及乡村在整个国家社会结构中处于特殊位置。

众所周知，处于相对封闭的社会环境下，社会阶层的流动相对较慢，普通民众向上发展的道路受到阻碍，大部分社会成员更倾向于相信所谓的"宿命说"，即每个人的命运主要受他人的支配而非自己，个人很难通过自己的努力改善或者改变自己的生存环境与个人境遇。伴随社会文明程度的不断提升，社会阶层的固化现象会得到缓解，社会成员在社会网格中的位置会根据个人的努力与社会生活的变迁发生改变。当社会的封闭程度不断降低、社会阶层之间的流动性不断增强、开放程度不断扩大，社会成员在此种社会环境下实现跨越阶层的可能性提高。

研究高等教育与乡村教育的隐性联结，可以从影响因素、必由之路和高等教育培养的学生特点三个方面进行剖析。

一、影响高等教育与乡村教育联结的四因素

影响高等教育与乡村教育联结的四因素如图所示（图2-5）。

科学发展　　教育自身

社会集体需求　　社会大众

影响高等教育与乡村教育
联结的四因素

图 2-5　影响高等教育与乡村教育联结的四因素

（一）社会集体需求

"集体"一词不等同于国家，有时集体主要指的是某个特定的政党，甚至是某个政权行使权力的工具。总之，集体是权利的代名词，是权力的支配者。

"集体"经常被视为某种口号，或者是某种号召获得相应的合法性的专有群体。例如，当将集体作为对象，申请教育改革，旨在为集体打造更多的社会精英，促进社会的发展和惠及大众个人利益时，该项改革申请往往会被通过。因此"集体"本身就是公有权力的支配者，是推动社会号召的合法性与合理性的群体。

当前中国社会发展呼唤乡村高素质人才的培养与发展。当前中国乡村居民受教育程度远远低于城市居民，在过去社会发展进程中，一旦乡村适龄受教育者渴望接受高等教育，通常会选择走出乡村，进入城市接受更高水平的教育。然而，仅凭借乡村适龄受教育者走出乡村、走向城市接受高等教育是远远不够的。

首先，乡村中缺乏高等教育院校时，大部分的乡村适龄受教育者会忽视接受高等教育这一发展选择。一个乡村中没有高等教育院校时，更多的受教育者监护人更倾向于在受教育者完成九年义务教育之后学习某项技能，或者结束教育生涯进入职业生涯。

其次，一旦乡村中适龄的受教育者选择走出乡村进入城市接受高等教育，则有较大的可能性不再回到乡村、投身乡村的建设工作。经调查，乡村中适龄的受教育者在城市接受高等教育之后，再次选择返乡工作的群体不足总人数的20%。因为无法在乡村中完成高等教育，一部分人在城市完成高等教育后，不愿回到乡村，造成了一部分优秀人才的流失，使乡村现代化建设缺少主力军。

不仅如此，青年人外出学习、工作、定居，必然会导致乡村总人口的流失。长此以往，乡村人口不断减少，也会使乡村的人口老龄化、空巢老人、留守儿童等社会问题频发。

因此，对于社会集体而言，造成较多社会问题会影响社会的安定与发展。为了避免造成较多的问题，高等教育与乡村教育的联结是社会发展的必然需求。

（二）科学发展

十六世纪的先驱者打开科学大门后，科学逐渐成为大众普遍认可的具有知识有效性和足够合法性的代名词。

在十六世纪自然科学崛起后，科学的势力逐渐扩张，首先将原有的巫术驱逐出真实的边界线外，紧接着科学以其特有的实证主义方法论，大力打击了宗教与神学的势力范围，科学发展成为知识的顶层。目前大部分国家的公务员选拔考试中，知识的考核都是必要的、不可或缺的一部分。公务员是为政府工作服务的专门群体，将知识与科学作为筛选公务员的标准可以有效确保政府工作人员的专业性、有效性和合法性。公务员的受教育水平越高，掌握科学的水平越高，有利于提升政府的专业度与公信力。

不可否认，科学发展不仅给知识、教育、政府带来了深远的影响，同时也给乡村发展带来了巨大影响。现在不可忽视的社会问题就是农民早已更新为二代农民工，带来了新的劳动力的供求关系的变化。除此之外，对于乡村来说，人口大规模转移也会带来耕地无人劳作的情况，因此会有农业产业升级的可能性。大量空闲的农业耕地和农业科技的不断发展，带来农业的集约经营模式转变，农民数量减少但是农民的质量必然提升。农民作为一个职业，其社会地位也会随之提升。现代农业高速发展对新型农民的素质要求上升，相比起过去单纯的体力劳动者，现代农业更多需要科技型人才。因此，乡村适龄受教育者接受高等教育、提升教育科技水平是现代农业科技水平不断提升的大背景下的必然要求。同时，科技发展是影响高等教育与乡村教育联结的重要因素。

（三）教育自身

教育自身的发展也是影响高等教育与乡村教育联结的重要因素。

教育必须将隐含的社会期待转化为受教育者的自觉行为，教育是根据受教育者身心发展规律与教育自身特点组织教育活动的。我国的高等教育在发展与改革的道路上主要依据两种观点进行：一种是借鉴美国等西方国家的发展模式，本科教育主要是进行通识教育，并进行小部分专业性知识的教授与启迪，更具专业性的专业研究教育在研究生阶段进行；还有一种则是强调改善现在的专业宽度不足的问题。因此，有种提案是必须使本科生打实基础，加宽专业面，培养宽口径人才。

高等教育对个体或群体的影响，正如布尔迪厄曾不加掩饰地指出的那样，高等教育把人类的某种卓越品质突出出来而分离出世俗精英，这种精英带有准宗教的公共合法性与符号权力的特征①。由此可知，相比通识教育，高等教育更应该被称为精英教育。高等教育旨在培养高质量社会人才，充当精英制造者的角色。

---

① 戴维·斯沃茨.文化与权力——布尔迪厄的社会学[M].上海：上海译文出版社，2006：55.

　　我国高等教育当前主要强调两方面的发展：一方面是建设顶端大学；另一方面是强调实用性更强的高等职业院校。这既满足国家对尖端技术人才的需求，又满足国家当前高速发展的制造业对高级技术人才的迫切需求。因此就高等教育本身而言，存在教育分层以及教育进一步改革的迫切需要。高等教育应当与社会对人才的需求紧密相连，培养适配的专业人才。高等教育在城市发展迅速，对于高等教育本身而言，高等教育应该呈辐射状态，在城市逐渐发展成熟、数量已经饱和之后，逐步走向乡村，利用高等教育产生集群效应，实现高等教育与乡村教育的完美结合、高等教育与乡村教育的双提升。

（四）社会大众

　　从受教育角度来说，伴随着义务教育的普及以及当前老百姓教育观念的转变，高等教育逐渐成为百姓发展的需要。

　　早在20世纪90年代就有专门的调查研究北京三所名牌大学招收新生中来自乡村的学生的占比，如图所示（图2-6）。可以从下图轻易看出，20世纪90年代以来招收的新生中，乡村学生的比例呈下降趋势，且三所知名高校均呈现了下降的趋势。见微知著，不难推论，高等教育整体的乡村新生占比均下降。数据背后隐藏的是社会问题，最直接的问题就是教育公平受到了挑战。教育改革就是针对现有的社会问题，站在最广大的社会大众利益点上，代表良知与正义，为老百姓发声，获得最广大的改革力量。

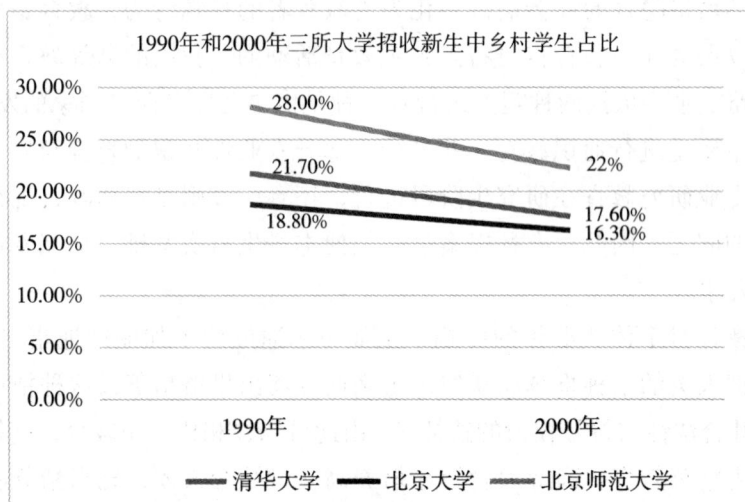

图 2-6　1990 年到 2000 年三所大学招收新生中乡村学生占比

教育公平、受教育机会均等无论是于国还是于民都是大事。从研究数据不难看出，乡村家庭在高等教育的机会面前利益未受到保护，即便是现在义务教育普及的现状下，在高等教育大众化、高校连年扩招的情况下，乡村学子仍然在高等教育面前处于弱势地位。在乡村中，接受高等教育等于需要背井离乡、远行上学，这无疑是对乡村家庭的一次大考验，甚至很多家庭为此背上债务。

因此，乡村中的适龄受教育者有接受高等教育的主观需要，现状是乡村学子比过去更难进入高等教育的学府。由此，乡村教育与高等教育的联结就是需求与现状达成一致的共同诉求。

二、乡村教育发展高等教育的必由之路

社会集体需求、科学发展、教育自身、社会大众这四大因素影响高等教育与乡村教育联结关系。乡村教育发展高等教育的必由之路主要有以下三大途径，如图所示（图2-7）。

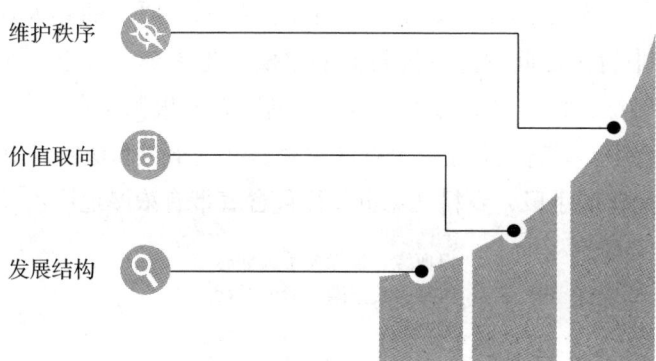

乡村教育发展高等教育的必由之路

图2-7　乡村教育发展高等教育的必由之路

（一）发展结构

我国乡村迈向现代化的过程中，有几大问题摆在改革的面前。乡村中的劳动力必然会不断地从原有的乡村中流出，传统农业的劳动生产率必然会伴随科技的发展逐渐提升，转向现代农业。第二、三产业在国民经济中的比重上升会导致大量的农业人口转为非农业人口，原本主要坚守第一产业的农业人口如何转为非农业人口呢？如何提升乡村大众的生活水平和福利待遇？乡村高等教育又将何去何从呢？

　　首先，解决原本主要坚守第一产业的农业人口如何转为非农业人口和如何提升乡村大众的生活水平和福利待遇这两个问题的关键，正如刘易斯二元经济角度所说：城市工资水平与乡村收入水平差距很大，青年人选择进城的更多，城市的发展速度较快并且在城市工作的福利待遇高于乡村①。因此可以预见，农业人口转为非农业人口过程，主要是通过将乡村中的剩余劳动力转移到城市。

　　中国社会的发展结构相对稳定，通常情况下社会结构相对稳定，即具有高凝固性。首先应当区分城市与乡村的边界，具体边界如下图所示（图2-8）。当然，乡村中的剩余劳动力转移到城市必然是有一定原因的。

　　探究乡村剩余劳动力转化方案，首先必须明确乡村中的居民的社会结构状态。乡村居民的社会结构相较于城市居民，可以称之为"熟人社会"。在乡村中人与人之间的关系更加亲密，联系更加紧密。通常情况下，人们具有共同利益、共同目标，以血缘、亲情、邻里和朋友为联系纽带。乡村中往往会存在村落家族和邻里之间的地缘、血缘的心理连续关系或者是生理连续关系。伴随着时代的变迁，在研究乡村中的相关现象时，既不能拘泥于原有的熟人社会背景，又不能忽视乡村中村民之间熟悉程度较高的事实，把握熟人社会和半熟人社会的乡村社会结构特征，探寻以此为背景的一系列问题的根源所在。

　　在传统社会中，教育既是个人升迁的路径，又是学习和认同身份文化的渠道，还是提炼乡村文化的手段，乡村文化也往往包含着带有浓厚地缘色彩的传奇。

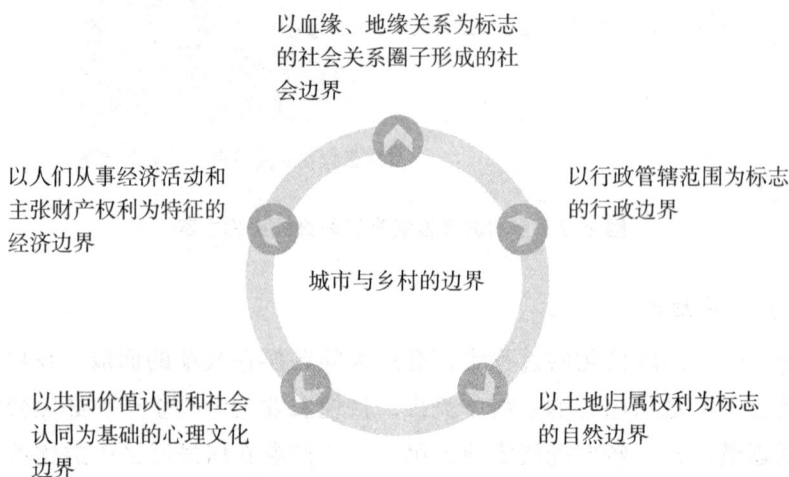

以血缘、地缘关系为标志
的社会关系圈子形成的社
会边界

以人们从事经济活动和
主张财产权利为特征的
经济边界

以行政管辖范围为标志
的行政边界

城市与乡村的边界

以共同价值认同和社会
认同为基础的心理文化
边界

以土地归属权利为标志
的自然边界

图2-8　城市与乡村的边界

---

① 　刘易斯.二元经济论 [M].北京：北京经济学院出版社，1991：91.

乡村发展高等教育的必由之路是在高等教育领域和乡村教育领域产生结构力量的新调整，或者说通过结构化形成新的结构，实现发展进程中各种力量的斗争与调和。从人与社会的关系角度看，将人与社会视为社会现实的两个侧面，在推进过程中，人与社会的关系也在相互关联地得到建构，这种建构过程尽管是被动、抗拒、协调和变迁前后相继的连续统一体，但其中的抗拒与变迁最容易记录改革过程中矛盾性力量展现的过程与结果。

（二）价值取向

高等教育是社会分层的潜在标准之一，即便当前社会的人才选拔，大部分情况下更加注重外在的技能评比以及是否适用于本集团的集体利益，但是高等教育在其中的作用逐渐被所有人看到。

前文中提及高等教育是培养精英的专门场所，因此高等教育对社会作出的突出贡献来自高等教育为社会培养的精英。社会向前发展不仅包括量的累积，更多来自质的蜕变。因此，精英取代和精英循环是社会向前发展的内在动力，即社会发展源于源源不断地培养精英。

高等教育作为一种人才选拔的标准，成为一种选拔人才的符号，努力承担社会发展的奠基石的责任。一方面，高等教育是一种制度化的评价，将人的素质准确地展现出来，使人的素质与社会需求相匹配；另一方面，高等教育通过调整培养的内容和方法，努力协调个人与社会关系，引导并且形成共同的价值。高等教育不但影响人的素质结构的建构，而且对人们价值观念的形成也具有重要影响。高等教育作为一种价值传播和职业提升的手段，至少到目前尚未能够很好地认同农民本身，它只是充当着把农民（更加准确地说，是农民子女）转变为非农民的手段或者实现其地理空间变动的工具。因此乡村高等教育发展仍需要进行进一步的调整。

（三）维护秩序

从长远角度看，乡村中居民的受教育程度会影响社会的长治久安与发展。

早期的农民转向非农民的过程中大多是从原有的乡村向城市流动发展，在这一过程中，原本的农民转换身份为打工者、商贩经营者或者是少量的投资者。总之，城市对这部分流动人群的认可度较低，甚至部分流动人口的身份未实现合法性，他们并未真正融入城市社会，只是城市的边缘者。在此种背景下，无论是城市还是乡村都存在原有的秩序被打乱的情况。由于社会秩序被打乱，人力资源、物质资源、资金等社会资源都会出现严重浪费的情况。按照传统的社会职业发展模式来看，社会流动渠道不畅、流动速度较慢时则会出现较多的职业终身化的现象，子承父业的情况时有发生。当然在社会竞争日益白热化的情况下，社会竞争更为依赖专业技术，人们通过高等教育可以习得专业技术，进而适配较为优秀的职业，从而实现个人社会声望和社会财富的累积。

伴随乡村现代化进程的不断推进、科技革命发生周期的不断缩短，教育水平、技术水平的高低逐渐成为影响个人社会地位高低的关键因素。高等教育旨在培养对社会有利的精英人才，同时高等教育对于个人以及家庭而言，更是一个改变个人和改变家人命运的机会。

原有农民转向非农民的过程中，部分人成了城市的边缘者，面对这种影响社会长治久安的不利情况，应当以积极的态度为乡村教育赋能，在这个"学历社会"为乡村学子创造更多的可能性，从而长远地维护社会秩序。

三、乡村高等教育培养的学生特点

乡村高等教育下培养的学生也就是乡村大学生，往往会有共同的特点，如图所示（图2-9）。

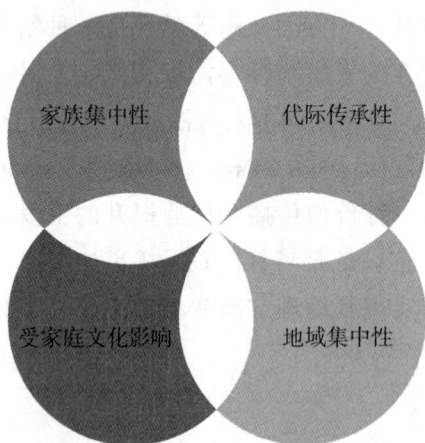

图2-9 乡村大学生的共同特点

（一）家族集中性

在同一所大学内，乡村学生中同宗同姓或者具有血缘联系的人数较多。其实这不难理解，乡村中的择偶范围本身较为狭小，同个村落家族关系复杂，血缘姻亲关系较多。

除去乡村中家族、血缘姻亲纽带关系较多的影响，乡村较于城市而言，人与人之间的联系也更多。乡村间更加重视各种红白喜事，强调在重要的节假日通过聚餐、闲聊等方式巩固亲近的亲友间的联系。中国式聚餐与以美国为例的国外的聚餐形式大不相同。中国式的聚餐往往是在相对固定的亲近的亲友间，固定时间，采用轮流请客的形式；然而，以美国为例的国外的聚餐则大多存在人员的不固定性，几乎所有的聚餐都是 AA 的形式，或者由参加聚餐的人群各自拿准备的菜色共同构成一餐。因此，中国的聚餐在人员构成和聚餐时间方面更具稳定性。中国的聚餐与聚会往往不只是一场休闲活动，更是一场重要的社交活动。在亲友间闲聊的过程中，教育问题往往会成为餐桌上难以回避的问题，子女的成功会成为父母炫耀的资本，在教育成功的家族聚会上，这类话题会远远多于教育失败的家庭。

家族之间往往存在共同的文化和价值观，在更加强调人情与亲情关系的乡村中，家族间的聚会与交流无疑就是价值观相互交流的过程。在谈及教育问题时，交流能够有效地影响人的思维方式和行为方式，是一种有效的教育影响。

（二）代际传承性

在乡村中，教育具有较高的代际传承性。

以宁乡为例，众所周知，1960 年接受高等教育的人数较少，因此以 1960 年的高中毕业生为案例，经跟踪调查后发现，受到当年的政策与时代背景的影响，当年能够成功就读大学是较为困难的，但是这批宁乡一中毕业生走出了"农门"并接受了在职的成人高等教育。对他们的子女继续调查发现，几乎没有例外，他们都获得了教育成功。除了 1 人外，该届毕业生的子女都有接受大学教育的经历，并且大多数就读或毕业于重点大学，接受研究生以上教育的比例也明显较高。

除此之外，经调查，父母（一方或者双方）是大学生的家庭，其子女也会更加容易在教育方面成功，基本上就读或毕业于某所大学，这一比例同样远远高于其他人群。

教育具有较强的代际传承性主要是因为，家庭教育与学校教育和社会教育共同构成最具影响力的教育形式。

（三）受家庭文化影响

成功的乡村大学生几乎都受到了相似的来自家庭的教育价值的影响以及教育期望。一个人在成年之前每天在家的时间平均为十个小时左右，无论是鼓励还是家长对学生的期望，都会产生潜移默化的影响。

成功培养大学生的乡村家庭通常将教育视为家庭最高优先级的活动，其他的家庭活动会为教育让步。家长对于教育的看法往往会影响子女对教育的看法。

无一例外，接受高等教育的乡村学子相较于其他人，家长重视教育，乐于将孩子培养成为接受高等教育的人。哪怕家长由于客观原因自己并未接受高等教育，但是家长对孩子有着强烈的期盼，以及肯为孩子在教育方面做出更多的付出。因此，在多重原因的共同作用下，这样家庭的学子有更强的意愿接受高等教育。

（四）地域集中性

在中国乡村中，良好的乡间邻里环境会促进信息的相互交流。因此一旦出现一个来自乡村的大学生，不仅能实现个人价值的提升，同时也在邻里之间形成了积极的认同。一个成功案例会引起其他人竞相模仿，一旦出现多个成功的案例后，这种影响力会形成集群影响，逐渐显现出乡村大学生的地域集中性。

总而言之，乡村教育培养出的大学生具有自身的独特性，这些大学生在实现自身华丽转身的同时，也为家庭创造了更多的可能性，进而对乡村也具有很明显的促进作用。甚至对于整个社会而言，这些专业各有不同的乡村大学生成为将先进文化与先进技术带进自己乡村的媒介，成为乡村现代化建设的引路人。无论是地缘文化、榜样作用还是价值认同，都是促进乡村适龄学生接受高等教育的原动力，成为激发大学生动力和激发大学生满足感的起点。

第三章　中国乡村教育思潮运动发展的历史背景

中国乡村教育思潮运动是在中国一个特殊的历史时期逐渐萌芽、发展、一步步成长的。中国乡村教育思潮运动发展受到政治、经济、文化与当时的国际局势的综合影响，在这样的影响下，乡村教育在中国的土壤中破土而出。

可以说，中国乡村教育的发展是在艰难环境下孕育而出的，是时代的呼唤，是发展的大势所趋。探索中国乡村教育思潮运动发展的背景有利于进一步明晰中国乡村教育发展的历程，因此本章将从政治、经济、文化与当时的国际局势四个方面探讨中国乡村教育思潮运动发展的历史背景。

第一节　中国乡村教育思潮运动发展的政治背景

一、民族与国家危机

1840 年的鸦片战争中，英国侵略者用枪炮打开了中国尘封数百年的国门，清政府被迫与英国签订了丧权辱国的《南京条约》，这是中国近代史上的第一个不平等条约，标志着中国的主权和领土完整开始遭到破坏，中国一步步沦为半殖民地半封建社会。中华民族面临前所未有的严峻挑战，中华民族的命运走向牵动着每一个中华儿女的心弦。

近代史上的鸦片战争、太平天国运动、洋务运动、戊戌变法、辛亥革命等的爆发，都是因为中华民族的生存和国家的领土完整遭到了列强的侵略和威胁。在帝国主义和中国的封建势力互相勾结，一步一步将中国不断地推向半殖民地半封建社会的同时，中国百姓也在团结起来奋起抗争，他们勇敢坚强、前仆后继地与列强和传统的封建势力持续抗争，在斗争的同时也在不停地探索和寻求一条可以挽救中国的道路，坚持不懈地推动着中国社会在支离破碎的时代一直向前发展。

经过众多伟人的不断探索和持续不断的抗争，失败，再抗争，再失败，直到1911年，终于推翻了长达两千余年的封建帝制。摆脱了封建王朝统治的中国人民，面临抵御外敌的时代使命，爱国热情也空前强烈，民主共和的观念在此时深入人心，知识界人士自觉参与的政治活动和勇于干预时局的活动形成热潮，出现了形形色色的政党和政治学术团体。中国人民希望从此过上民主、自由的生活，热切希望来之不易的"中华民国"繁荣富强，"龙行虎步，高掌远跖，辉耀于亚东大陆"是所有爱国人士的共同追求。但是，革命的炮火只是推翻了皇帝宝座，真正的民主共和还是无法融入中国社会。坐拥北洋军队的袁世凯，利用了革命领导者的软弱性，最终窃取了革命的胜利果实，并把"中华民国"的政治中心由南京转移到北京，中国历史来到了北洋军阀的统治时期。民主共和的革命成果得而复失，说明中国还是没有摆脱掉帝国主义和封建主义，反帝反封建的革命任务并没有完成。

二、政权危机

北洋军阀统治时期是中国近代历史上最黑暗、最反动的时期之一。袁世凯成为大总统之后，依旧继续与列强相互勾结，给外国的侵略者做鹰犬，在国内也作为匪霸的庇护伞，帮助他们鱼肉百姓，并且企图复辟帝制，这些做法都激起了各阶层人民的愤怒。最终袁世凯在全国百姓的讨伐声中很快结束统治，这不仅使帝国主义列强失去了统治中国的工具，也标志着当时政治中心权威的衰落。各帝国主义国家为了维持其在华的殖民利益，也为了填补当时中央权威的"政治真空"，在侵略者的操纵下，北洋军阀分裂为皖系、直系和奉系三个主要派系，他们围绕着争夺中央政权和扩大地盘，钩心斗角、合纵连横，连年混战，以致相继爆发了1920年的直皖战争、1922年的直奉战争、1924年的第二次直奉战争。其他地方军阀也都各自盘踞一方，称王称帝，使中国长期处于军阀的纷争、割据和混战之中。在这种情况下，整个政局如白云苍狗，变幻不定。而控制北洋政府的最高统治者却像走马灯一样，随着各派军阀势力的消长不断更换。据统计，从1912年袁世凯任中华民国总统到1928年北洋军阀彻底覆灭的16年零2个月中，更换了9次国家元首，约50届内阁。内阁中最短的只有6天，其中还出现过两次"除国务总理外，各部总长全部辞职或不到位的"一人内阁。总之，中国在北洋军阀的统治之下，国家领土四分五裂，派系争斗和战争连绵不断，社会局势动荡不安，国内政局也风云变幻，致使国内交通梗阻、经济停滞，不仅民富国强成了泡影，民主自由亦如浮云，中国人民处在苦难深渊之中。

在北洋军阀的统治覆灭以后，国民党政权在全国范围内建立。但国民党内部的军阀斗争又开始了连年混战，特别是1930年的蒋、桂、阎、冯的中原大战，波及数省，再一次给中国人民带来了一场灾难和浩劫。在国民党内部，右派公开背叛了孙中山先生的三民主义和三大政策，这导致了后续的第一次国共合作破裂，中国再一次陷入连年不断的内战之中。在帝国主义列强、封建主义和官僚资本主义三座大山的压迫下，国民党统治区下的广大人民生活在水深火热之中。

三、拯救危机之路

面对北洋军阀和国民党新军阀统治下的国势陵夷、国土日削、国难未已、民不聊生、民族危机日甚一日的严酷现实，全国人民极为痛恨和愤懑，许多知识领袖也不能忘情于政治。他们无法静坐书斋，过纯学问的单调生活。他们时而发表文章，表达自己救国恤民的真诚愿望；时而卷入政治旋涡，为了中国谋出路而凄惶奔走。在这种情况下，"废督裁兵""好人政府""联省自治""第三条道路"等等在19世纪20年代初期一时蔚为重要的社会政治思潮流行全国。尽管知识领袖和知识精英的那些主张和活动并不能感动握有兵权的军阀，也不曾带来积极的效果，甚至有的还增添了一些波折，对此，人们尽可以见仁见智地加以评说，但"人生到处知何似，应似飞鸿踏雪泥"，他们的一片济世爱国之心，应为大家所认同。他们对国家民族命运的深切关注，使得他们来不及辨别各种思潮的优劣，只要是针对现实社会弊端的改革思想，他们都拿过来试一试。同时，由于提出、传播和接受这些思潮的知识分子的出身、经历不同、阶级倾向各异，因而他们各取所需，使得各种改革思潮纷至沓来，也就不足为奇。

清朝政府不断向外国侵略者割地赔款，丧权辱国，知识分子普遍存在一种忧患意识。中国向何处去？大家都在苦苦地思考，苦苦地探索。这当中，有一批人在经历了无数次失败的教训后逐步走向了武装斗争，以革命推翻三座大山的行列，而有另一批人则漂洋过海，寻求救国救民的真理，漂洋过海的这批人后来大多走上了科技兴国、教育救国的道路，他们将从西方列强那里学来的知识、所见到的社会、人民的需求与当时的国内环境相结合，从中得出了救国方法：中国如果想富强，就必须先发展教育，只有提高人民的素质，才能走上科技兴国的道路。从中国近代史发展的实际情形看，无论是前者还是后者，都是出于对祖国和人民的热爱、出于救国救民的理想而选择了不同的人生道路。而且，当武装斗争在中国取得了胜利，中国需要大批各级各类专业建设人才时，后者义不容辞地承担起了传播西方先进科技、知识与文明及培养人才的历史使命，终于使一个强大的新中国屹立于世界民族之林。应该说，前者和后者虽然道路不同，但殊途同归，中华民族的独立富强、繁荣昌盛，都与老一辈的革命家和广大知识分子的艰苦探索和无私奉献分不开。

由上观之，乡村教育之所以产生和存在，首先是因为一个民族的独立、国家尊严和领土完整持续不断地被列强严重威胁；其次，"中华民国"初始阶段各种力量不断交织，政局混乱动荡不堪，统治者只沉迷对权力的夺取，教育基本处于无政府管控的状态；最后，在五四运动、新文化运动的影响下，东西方文化正在发生激烈的碰撞，西方各种新思想都在不断地涌入中国，交替影响着中国的思想界和教育界。在这种情况下，乡村教育救国思潮应时而兴，并逐渐形成一场声势浩大的运动，这就是乡村教育思潮运动产生的政治背景。

第二节　中国乡村教育思潮运动发展的经济背景

一、小农经济的主导地位

清朝末年，中国当时的人口已经多达 4 亿，中国已经是当时世界上的人口大国。尽管中国在社会发展进程中一直有战乱和自然灾害，但是人口仍然在持续不断地增长。由于庞大的人口压力，中国的人均自然资源长期处于相对匮乏的状态。

鸦片战争之后的近代中国，资本主义工商业虽然也在慢慢地发展，特别是在第一次世界大战期间，中国的民族资本主义工商业发展十分迅速，可是在整个国民经济总产值这方面的表现和发达国家相比仍然有着巨大的差距；农业生产在近代中国的国民经济中始终是一个主要部分，封建经济依然占据优势。由于地主阶级和地方豪绅势力对农民的残酷压榨和剥削持续存在，中国乡村经济依然是以一家一户的小农经济和家庭手工业相结合为主的模式。农业生产长期徘徊在停滞不前的状况下，受到不断增长的人口和农业生产力低下的影响，特别是进入"中华民国"之后，由于连年的战乱和频发的自然灾害，大批农民老百姓不得不离乡背井，离开自己的家乡寻求生存。因此，农业经济的发展持续受到影响，导致国内经济日益衰落，广大人民百姓挣扎着寻求生存方法，这不得不引起有良知的中国人思考救国之道。

二、半殖民地半封建的经济状况

辛亥革命之后的中国经济从本质上讲依然是半殖民地半封建社会的经济。首先，帝国主义一直控制着中国的经济命脉。据不完全统计，从1912年到1927年，北洋政府共借外债467项，借款总额达到惊人的13亿美元以上，其中军费开支的占比高达54%。列强对中国经济的强盗式掠夺，大大影响了中国经济的发展脚步。

其次，封建地主阶级仍旧被保存了下来，加上各派系军阀混战、大量掠夺土地，大多数土地都集中在军阀手中。如袁世凯在河南彰德（今河南安阳）等地占有土地4万亩左右，冯国璋在苏北占有土地70万亩，段祺瑞在东北边境占有土地2000亩，张作霖在东北占有土地150万亩等。这种土地被军阀掠夺侵占的情况，使得农民必须租种地主手里的土地来维系生存，并且还要忍受严苛的赋税。由于土地不断地被地主阶级集中归拢，中国社会的自耕用和半自耕用土地日益减少，佃农因此逐渐增多。这种封建地主经济在当时的中国社会经济中占据了主要地位，而这恰恰就是当时社会经济停滞不前的主要因素。

再次，列强侵略者们与封建统治势力相互勾结而产生的官僚资本主义，在北洋军阀和国民党统治时期把持着国家的财政金融业，为军阀大搞公债投机，向外国借贷，帮助军阀筹措军费等等，给中国的国民经济造成了严重破坏。各派军阀在帝国主义、官僚资本主义和封建势力的支持和豢养下割据混战，不仅直接损害了人民的生命财产，更为严重的是，随着混战而来的是不断扩充军队，因而军费开支迅速膨胀。军费猛增必然造成农民赋税的加重。从1912年到1919年的7年间，田赋增加了7倍，盐税和烟酒税增加了3倍，印花税增加了6倍。各地大小军阀甚至向农民预征几年后甚至几十年后的捐税。战祸所至，抓丁、征粮甚至公开烧杀抢掠，给农民正常的生产生活带来了十分巨大的影响。广大乡村断壁残垣，村庄耕地更是荒芜，放眼望去全是一片苍凉的景象。

伴随兵祸而来的是天灾。1920 年陕、豫、冀、鲁、晋 5 省大旱，受灾地区达 317 县，灾民 2 000 余万人，死亡 50 余万人；1921 年豫、苏、皖、浙、陕、鲁、鄂、冀、晋等省洪水，受灾地区达 2.7 万平方千米，仅豫、鲁、晋 3 省灾区就达 148 县，灾民 980 万人；1922 年苏、皖、浙洪水，灾民达 1 200 余万人；1923 年水、旱灾害遍及全国 12 个省，死亡人数 10 万人以上；1928 年，陕、甘、绥、晋、豫、鲁、冀、察 8 省大旱，灾区 535 县，灾民 3000 万人；1929 年河北遭水灾，陕西继续受旱灾；1931 年江淮运河流域洪水，灾区 16 省，灾民 5000 万人，财产损失 20 亿元；1932 年又有 8 省 230 余县水灾，6 省 130 余县旱灾；1933 年华北洪水，受灾区域达 15 省 252 县；1934 年有 16 省 369 县旱灾，14 省 283 县水灾等。根据后来相关学者的推算，仅 1930 至 1935 年中，全国水旱灾荒给国家经济造成的损失将近 100 亿元，平均每个人的损失在 150 元左右。

三、内忧外患影响乡村正常生活

兵祸天灾已使中国农民饥寒交迫，民穷财尽，外患更加重了中国农民的苦难。第一次世界大战后各帝国主义国家生产逐渐恢复，随即洋火、洋面大量输入中国，充斥整个市场，中国的初级农副产品市场几乎全部被外国垄断。东北的大豆，90% 以原豆或豆制品输往外国市场；华北各省的棉花，一半以上为日本人购买；山东、安徽等省的烟草，几乎全部落入列强国家的控制之中。在侵略者控制下，一方面，国内的老百姓为了购入生活必需品，不得不以低价卖出自己的初级农产品；另一方面，由于洋货不断涌进，中国的丝、茶、花生、鸡蛋等土特货物出口遭到排挤，出口量大幅度下降，农民受到极大的损害和打击，以致出现了"丰收成灾"和"谷贱伤农"的怪现象。

20 世纪 30 年代初的世界经济大震荡，不仅使帝国主义世界遭到沉重打击，而且也波及中国，极大地破坏了中国的乡村经济，使中国乡村濒临崩溃。天灾人祸共存，国家内忧外患，这些都导致中国农业生产力无法发展，持续停留在一个较低的水平，可用的耕地逐渐缩小，土地不断荒芜，再加上一些地方的水利设施多年因为没有财力进行维修，进而出现了赤地千里的凄凉景象。在这种生产和生活条件下的中国乡村，民穷财尽，灾民遍地，饿殍横野。甚至民国以后，多次发生农民起义，仅河南就有老洋人起义、白朗起义等。据不完全统计，1931 年至 1936 年间，全国因灾荒死亡的人数近 700 万，为求生存而离开家乡的人更是不计其数，国内的广大百姓一直在生存的边缘苦苦挣扎。

当时中国可以说是贼如梳，官兵如篦，士兵如剃，此种惨象随时出现于四境以内，一般农民只得别离故乡，抛荒田园，农业生产枯萎凋零，每况愈下，乡村经济破败衰竭，濒临崩溃，这就不能不引起国内外各界人士的极大关注，于是"救济乡村""复兴乡村""建设乡村"的口号在此时便应运而生，不胫而走。在这种背景下，一些知识领袖和教育组织希望可以通过乡村教育来带动乡村建设，进而促进农业生产力的发展，最终实现改善农民生活、恢复和改善乡村现状、稳定乡村社会秩序的目的，这是时代提出的主题。

总之，由于帝国主义、官僚军阀和封建势力这三座大山对人民的残酷剥削和榨取，民国初期的中国乡村破败不堪，濒临绝境；城市的工商业经济受到乡村生产的农副产品原料和乡村市场疲软的影响，也在国内经济中难以自保，占全国总人口百分之八十以上的农民饥寒交迫，难以在乡村安身立命。在一个向来以农业立国的国家里，这样的乡村、农业和农民不能不引起有识之士的关注和思考。于是一些爱国的教育家和教育团体纷纷主张，欲在中国救亡救穷，达到民富国强，必须先从乡村和农民入手。这就是乡村教育思潮运动产生与发展的经济背景。

第三节　中国乡村教育思潮运动发展的文化思潮背景

一、救亡图存的思潮

乡村教育思潮运动产生的根本起源，首先与近现代中国社会的混乱状况相关。在中国近代史中，思想的主流始终是救亡图存，而该思想在教育领域的体现则为"教育救国"。乡村教育思潮在某种程度上就是这种"救亡图存"社会思潮催生出来的教育果实之一。

众所周知，19世纪40年代，鸦片战争的爆发揭开了长达近百年的中华民族屈辱史的帷幕，使得中国这个拥有五千年璀璨文化的文明古国自此踏上了伟大的民族复兴之路，一些列不平等条约的签订充分揭示出了大清王朝的昏庸无能，同时也将英国帝国主义、殖民主义势力践踏文明的野蛮本性充分暴露出来，华夏大地哀声一片，与往日的繁荣昌盛形成了鲜明的反差，被沦为西方列强肆意践踏的对象，自此也开启了风雨飘摇的百年苦难之旅。为了能够在此实现民族与国家的繁荣与强盛,众多爱国志士挺身而出,义无反顾地加入到了民族复兴的队伍之中,经世大师魏源曾在其巨著《海国图志》中首次提出"师夷之长技以制夷"的救国方案;而由洪秀全等民间领袖组织的天平天国运动也提出了《资政新篇》,用以表达在中华大地上进行改革的强烈愿望;而洋务运动的进行则希望通过发展属于自己的工业,来摆脱列强的压迫,从而谋求"自强";维新变法时期,以康有为、梁启超为代表的资产阶级改良派意识到,若想强国必须要发展工业,而工业发展的前提是先进科学技术的掌握与相关技术人才的培养,人才匮乏、教育落后是导致失败的根本原因。

如王韬说:"今日我国之急务,其先在治民,其次在治兵,而总其纲领在储才。"在此认识基础之上,他们采取了一系列措施以解决教育问题,强调引进西方先进的理论思想与科学技术,通过照搬主义与拿来主义促使国民素质不断提高,进而使得国家实力得以增强,这一时期"教育救国"的思潮应运而生。到了19世纪90年代,随着教育事业的不断发展,我国培养出了一批掌握西方先进科学技术的人才,他们逐渐发展壮大起来,并走上了政治舞台,面对民族危机加重与甲午战争失败的残酷事实,该阶段的中国一方面进行着政治变革,另一方面又在大力发展教育,他们认为教育是实现与列强抗争、提高国民素质,实现强国的重要途径。他们对教育与强国、强种的关系有了更加深层次的理解与感受。教育救国在该阶段形成了较为系统与全面的思潮。

随着资产阶级改良派对"教育救国"思想的宣传与推广,赢得了社会各界爱国人士的认同与支持,同时也使得该思想得以不断丰富与完整,并且在具体实践与传承中,真真正正地为国家与人民带来了实质性的帮助,我们可以从许多历史人物事件中窥见一二。例如,坚信"救国必须由教育入手",坚持毁家兴国的马相伯创办了复旦公学;由日本兴教大受启发,继而弃武从教的张伯苓创办了南开大学。他曾说:"创办新教育,造就新人才,乃苓将终身从事教育之救国志愿"。爱国华侨领袖陈嘉庚认定"教育为立国之本",他为改变祖国教育落后面貌慷慨解囊,兴办现代教育;同样在中国教育界作出重大贡献的代表人物朱剑凡,因痛恨当时帝国主义对我国的野蛮侵略,以及清政府的腐败黑暗,他于1905年毅然决然地将自己家的大宅院腾出来创办了周南女子示范学堂。无产阶级革命家毛泽东的老师徐特立则说:"我是一个不愿参加政治活动、好埋头读书的人。由于外力的压迫,政治黑暗,就不自觉地转入爱国运动……救国的方法首在教育。""教育救国论"之所以能够在社会中激起巨大波澜,源自于它的爱国主义归宿与出发点。由于它表达了在当时以及之后所有希望中国能强大的真切愿望，所以它成为我国近代具有巨大影响力的时代主潮。还有部分爱国领袖也深受启迪，提出"科学救国""实业救国"等口号，这些口号的提出对当时社会的发展与进步产生了积极影响。近代中国的一批实业家、科学家、革命家、思想家，均受到了"教育救国"思潮的影响，并为近代中国的发展做出了应有的贡献。我国20世纪初的乡村教育思潮便是在"教育救国"思潮影响下诞生的。我们将"教育救国"中的"教育"视为学校教育，具体包括高等教育、中等教育与初等教育，而乡村教育思潮中的教育则指的是除了城市地区以外的乡村中的职业技术教育、成人社会教育、中等教育以及初等教育，从某种意义上来说，它是对"教育救国"思潮的改进与完善。此外，五四运动爆发前后，新文化的引入使得部分国人开始关注社会实际问题。

救亡图存不是一场空想的运动，而是必须落实到实践生活，解决当前面临的社会实际问题。当时的首要之举是解决社会上的种种问题，实现化解社会危机这一根本目标。细细分析，当时中国社会的主要根基是中国乡村，谈救亡图存必须先从中国乡村开始，发动最大范围内的群众。乡村工作的开展并非易事，要想促使乡村工作得以顺利开展，当务之急便是从思想方面入手，而乡村教育工作正是解决这一问题的切入点，因此乡村教育成为启迪农民思想开创美好生活的关键之举。

二、庸俗进化论带来的影响

庸俗进化论是"教育救国"思潮与乡村教育思潮运动的理论基础。

一般来说，将达尔文的生物进化理论应用于社会科学研究领域，从而形成一种全新的唯心主义政治哲学就是庸俗进化论，它是一种形而上学的发展观。它强调的是事物发展过程中的渐变，否认事物发展过程中的突变；强调对社会进行点滴的改良或微调，害怕甚至反对革命性的变革和飞跃。

晏阳初曾表示，在我国民族复兴道路上发起的各类运动，包括"民国"十五年的国民革命、新文化运动、五四运动、辛亥革命、戊戌变法运动、太平天国运动等，以及20世纪初期的乡村建设，均有着相同的心理背景与要求，不过每一次运动的表现形式都会有所差异，一部分运动是比较具有破坏性的，而另一部分运动比较和平。乡村建设是继国民革命运动之后发生的，本身属于一种和平年代的"微调"，因此，它也属于和平年代的运动。

在借鉴历史经验的基础之上，当时一批有识之士认为要想强国既不能依靠传统思想与礼教，也不能仅仅停留在口头上，而是应当寻找到新的切入点或是一种全新的工具。而这一切入点或工具正是包括乡村教育在内的教育。他们认为教育是改造社会、振兴民族的最有效的手段。故此，当时社会中的仁人志士纷纷投身于他们最为熟悉的教育事业，希望通过教育实现强国梦。一方面，这是我国爱国志士从西方学习到的具有实用性的知识武器；另一方面，这是一种具有历史使命感与民族责任感的爱国主义思想与情结。

众所周知，西方启蒙思想家在反封建斗争或民族振兴的过程中，都十分重视教育的作用，大力提倡普及教育，努力兴办各类学校，把培养符合资本主义精神的新人作为社会变革的根本。民族教育家雷沛鸿在其著作中多次讲到欧美诸国之所以富强，不在枪炮军器，而在于穷理劝学。丹麦在19世纪中叶被普鲁士征服后，格龙维创立庶民高等学校，努力提高民众的文化素质，进行民族自救运动，半个世纪后终于收回失地，使国家免于灭亡。又如德意志在中世纪尚未统一，常受法国宰割，但在费希特等人的教诲下，经过60年的民族振兴运动，终于重整民族再兴的旗鼓。这些都是重视民族教育的"绝好榜样"。所以，西方启蒙思想家重视教育的思想起到了榜样的作用。不仅西方国家兴学校、重技艺，使人尽其才，达到富国谋生的目的，东方的日本也为中国树立了榜样。19世纪中叶，日本同此时的中国一样也曾面临着西方列强的侵占，面临着即将沦为殖民地的危险。然而日本后来通过明治维新，不但摆脱了困境，迅速崛起，成为亚洲唯一的资本主义强国。日本的强盛有许多方面的原因，而其中一个极为重要的原因是日本对教育的高度重视。日本效法泰西，重教育，兴实学，从根本做起，所以人才日多，技艺日精，很快自强起来。由此可见，教育救国论在中国的传播和盛行，与欧洲和日本社会变革的直接影响密不可分。

三、乡村教育缺失

广大乡村缺学少教为乡村教育思潮运动的勃兴提供了土壤。众所周知，清末以来的"新教育"，无论是仿效日本、德国的，或是美国的，虽然对中国教育近代化进程起过一定的积极作用，但由于是舶来品，多与中国的国情不合。

正如梁漱溟所说，中国的传统教育被称为"上"或"教化"。它的内容主要关注"明伦理、解困惑"，实用性知识和技能很少。晚清以来的"新教育"是对西方教育的模仿，可以称之为"城市教育"或"人才培养"。这种教育引入中国后，难以改变国家和人民的苦难现状。因此，忽视乡村教育的新教育风格的形成并没有帮助这个国家，反而促进了它的衰落。

教育界的有识之士发现这是错误的，所以他们提倡乡村教育。他们曾经表示，一开始，国家为了改变现状创办了学校，为了学习西方先进思想把学生送到国外，这原本是用来培养人才的。因为西方国家有很多令人羡慕的东西，中国如果想效仿，就必须开始培养人才。例如，如果想组建一支海军，就必须派人到海军学习；要想训练军队，就必须尽快建立军校；如果想建立一支警察部队、修改法律、开矿、修建铁路等，都必须派人去学习或开办学校。所以那些完成学业从国外回来的学生也应该获得相应的正式职位，让他们学有所用。但是留学归来的人数较少，很难实现救亡图存的目的。中国的中学以上的学校大多集中在城市，广大乡村地区的学校很少。尽管一些富农儿童可以从小学毕业，但由于各种原因，他们很难来到城市继续接受完整的教育。他们与城里的大学也始终留有距离。与此同时，城市学校教授的大多数课程与乡村生产和乡村生活完全脱离。这些城市学校使得乡村儿童很难持续学习。甚至来自乡村的儿童不愿意回到乡村，在城市接受更高水平的教育后宁愿留在城市，这也是一个普遍现象。因此，为了纠正教育与社会发展方向的偏差，寻求中国教育的新出路，一批知识分子和教育家在此时引领的国民教育、公民教育、职业教育、生命教育和大众教育的思潮在国内兴起并吸引民众广泛关注，形成了一定的运动背景，拉开了乡村教育思潮运动的序幕。

黄炎培 1921 年在《农村教育弁言》中写道："如今，我国十分之九的学校都在提供城市教育。但是，国家十分之九的地区都是乡村地区。"因此，他努力推动普及教育、职业培训、乡村教育和农业教育的结合。陶行知 1927 年指出，新学校办了三十年，始终还是换汤不换药的办学模式，只是把"老八股"变成了"洋八股"。中国的教育在当时已经到了尽头，必须要寻找新的出路。于是当时发展的新使命是要征集一百万个同志，创设一百万所学校，改造一百万个乡村。当时教育界的大家们普遍认为，新式教育对于乡村教育而言不仅起不到推动作用，反而会加速其衰落。"然中国至今一大乡村社会也，乡村坏则根本摧。教育界之有心人发现其非，于是有乡村教育之提倡。"[1] 总之，社会存在决定社会意识，乡村教育思潮的产生反映了此时中国广大乡村缺学少教、教育走错了路的客观存在。这种意识原先潜在于分散的、彼此没有联系或很少联系的个人意识

---

[1]　顾明远.中国教育大系：20 世纪中国教育（一）[M].武汉：湖北教育出版社，2015：662.

之中。但随着社会的发展和实践的需要，人们越来越多地感受到了这一共同关心的问题。这种共同关心迫使分散的、彼此很少联系的个人发生了联系，彼此交流了见解和观点。由于每一个人在社会体验以及价值观念上都不尽相同，因此对这一共同关心的乡村教育产生的看法也不尽相同。这些纷繁的个人见解在交流过程中，经过争议、扬弃、沟通和融合，逐渐相近或接近，便形成了思潮。思潮一旦形成，就具有凝聚和导向力而影响时代发展趋势。

第四节　中国乡村教育思潮运动发展的国际背景

一、新教育运动在世界范围开展

20世纪初叶，中国社会发生了翻天覆地的变化，这些翻天覆地的变化都强有力地推动了中国现代化的历史进程。而在中国现代化发展的同时，教育的现代化也在同步发展。教育现代化具体表现在创办了一些新式学校和留学制度的延续。在教育现代化这一发展的重要时期，许多日后成为乡村教育领路人的教育家们，大多走出国门，利用这千载难逢的机会学习西方的先进思想和文化。

与此同时，欧洲和美国也在兴起一场改革传统教育的革新运动，为的就是可以更好地适应现代化社会的发展需求。这场运动在欧洲被称作"新教育运动"，在美国则被称为"进步教育运动"。而那些中国未来的领路人此时也趁此机会在英、美、日留学，通过参与到这些运动中来，学习到了现代化教育的思想。

美国的哥伦比亚大学师范学院正是美国进步教育理论的基地，不仅集欧美哲学思想和教育思想之大成的学者杜威在此执教，而且美国进步教育运动的宿将孟禄及杜威思想的得力传播者、进步教育家克伯屈也在该校任职。这些代表美国社会政治和文化新潮流的哲学家、教育学家和社会学家同样给年轻的中国学子以巨大而深远的影响。

二、法国启蒙思想带来的影响

一部分知识分子先后到欧、美、日留学，受到西方的影响他们拓宽了视野，学习了西方启蒙思想家们的先进理念。法国启蒙运动以"人"为中心，这些启蒙思想家们认为人是有理性的生物，人的一切行为包括思想、语言、动作等都出于理性。因此，人们从古至今的各种思想、语言和动作等都经过他们自己的思考之后，从中选取合适的进行继承和发扬，对于不适合的进行相应的改进。表现在政治上，就是为了争取自由平等的人权而不懈斗争；在教育方面就表现为人人平等的受教育权。乡村教育家们学习接纳了这种思想，将它们结合中国的国情，最终应用到中国的乡村教育中。正如雷沛鸿所指出："这是新人的理论，也是新自然哲学的理论，新的教育制度即根据此新哲学理论而来。"所以乡村教育家们都学贯中西，具有恢宏的文化气度与世界意识和眼光。因此，乡村教育先驱们都主张从宏观上、整体上进行教育改革，他们都是中国近代教育史上教育整体改革的大师。他们的教育思想涉及教育领域的方方面面，并在教育实验中升华为系统的理论，反过来又用于指导他们的教育实践。

三、丹麦民众高等学校的现实榜样

中国多数乡村教育家都对丹麦格龙维的民众高等学校和其办学精神推崇备至，视为榜样。

（一）雷沛鸿视丹麦教育为"榜样"和"希望"

1927年末，雷沛鸿赴欧洲七国考察高等教育，丹麦的成人教育，尤其是格龙维创办的民众高等学校深深触动了他。格龙维洞见所有现成学校不外是"依样画葫芦"的教育，主张把现成的学校彻底改造，创建一种新式学校——民众高等学校。这类学校不同于传统学校通过考试来挑选学生，也不通过考试最后给合格的学生颁发文凭。这类学校的学生分别来自田间、商场和工肆，毕业之后依然会回到田间、商场和工肆中去。学生毕业离开学校之后便会成为丹麦其余地方实验学校的创办人或是教师，抑或是在乡村合作制的组织者或是经营者，他们最终会成为乡村文化的工作者和中坚力量。丹麦这种新式学校引起了世界教育家的注意。雷沛鸿在丹麦看到了中国教育要走的道路："这个榜样给我们一种无穷希望，就是教育的能事足以改造社会，又足以改造国家。"[①]对这种令人人有工可做，复令人人有学问可做，使丹麦向民族中兴、社会改造大道前进的庶民教育，雷沛鸿情有独钟。他完全接受了格龙维的教育思想和办学精神。1928年7月，他在回国的轮船上完成了《北欧的先觉者格龙维》，之后，又连续发表了《北欧成人教育者轲勒》《北欧成人教育》《丹麦的合作制度》《丹麦成人教育》《丹麦公立图书馆运动》《丹麦土地立法》等一系列文章，系统地介绍和宣传格

---

① 韦善美，程刚.雷沛鸿教育思想研究[M].沈阳：辽宁教育出版社，1994：39.

龙维及其办学精神，并在实践中加以运用，以至他的学生称他为"中国的格龙维"。此后，雷沛鸿投身民众教育、成人教育，普及国民基础教育，创制国民中学，创办国民大学等，无不体现了格龙维的精神。

（二）孟宪承在国内介绍丹麦教育

丹麦是一个坐落在北欧的小农业国。1844年，格龙维的弟子柯尔德在丹麦的边境小城罗亭村创办了第一所民众高等学校，到19世纪末已发展到53所，学生5344人。1921年又创设国际民众学院，学生来自英、美、德、奥、丹各国，到1927年，学校增至57所，学生达8356人。到1929年，这种教育形式就成了斯堪的纳维亚诸国（挪威、瑞典、丹麦）的一种普通教育组织。中欧的德国在推广，捷克也急起直追，英国许多工人学院或教育区也效仿丹麦的办法，美国人也到丹麦留学和考察，回国后笃守格龙维的教育信条，办起了诸如波柯诺民众学院和康勃尔民众学校等。在苏俄和日本也有类似的组织。中国有一个叫赵仰天的人翻译了美国福脱1915年著的《乡村的丹麦与其学校》，由上海新学会出版社出版。孟宪承看到丹麦教育的发展趋势和影响，实感有在中国加以宣传的必要，于是在1929年12月写成《关于丹麦民众学校的书六种》一文，于1930年在《教育与民众》第1卷第6期发表；1931年，他又翻译了《丹麦民众学校与农村》一书，由商务印书馆出版。这一时期，《中华教育界》对丹麦民众高等学校的介绍和研究也呈集中态势。再加上雷沛鸿1928年回国后，连续发表有关丹麦教育的文章，一时在中国造成了较大声势和影响。于是，丹麦的民众教育、格龙维的办学精神在中国教育界引起了特别注意。

（三）梁漱溟对丹麦教育"不胜景仰"

在上述态势下，丹麦的民众教育也引起了从未走出国门的梁漱溟的关注。他于1932年说："我因忖思中国经济问题的解决，而注意到农业与农民合作，因留心农业与农民合作的事，而注意到丹麦这个国家，并听得丹麦农业之发达、合作之隆盛，皆以其教育为原动力。所谓丹麦教育，就是它的民众高等学校，真是久已闻名，不胜景仰。"他读了孟宪承翻译的《丹麦民众学校与农村》这一著作后，以"丹麦的教育与我们的教育"为题，从六个方面指点读者向深处领悟。丹麦的民众高等学校是设在乡村的，专门教授18岁以上的农人；学校是私人经营，政府只在财政方面进行常规的津贴发放而从不对办学强加干涉；学生在校学习的时间并不长，男女生分期学习；教育的目的在于教师用自己的人格魅力和力量，激发学生学习的兴趣，从而带领学生学习；课程注重丹麦语、历史、音乐、诗歌、体操等；方法则是通过教师的语言激发学生学习的兴趣，学生自由讨论。这种没有固定课程，没有考试和毕业，教师和学生共同居住，一起吃饭，过着和家庭一样的教育生活，在学习几个月之后便携带着学习而来的灵感，回到各自的村庄，通过自己的努力改善整个村庄的生活，梁漱溟十分赞赏。后来，他又在多篇文章中赞扬表示，丹麦教育创始人的人格实在令人佩服，而其教育制度亦的确能帮助丹麦，让丹麦民众活起来。这都是发自肺腑的，以后他自己也的确这样做了。但他说丹麦的教育近乎精神陶炼的意思，倒是说反了，事实是梁漱溟的人生行谊教育和精神陶炼是从丹麦的民众教育中学来的。

（四）俞庆棠称丹麦农人教育为"全球表率"

1933 年，俞庆棠赴欧洲考察教育，对成人教育尤为关注。她认为代表现代世界成人教育的最重要的潮流有"三大运动"：一是英国的工人教育运动，二是丹麦的农人教育运动，三是苏联的扫除文盲运动。提出这三个国家有两个原因：第一，这几项运动发起于这几个国家，而且已经有了很大的影响，极具代表性；第二，这几种运动具有独特的社会背景。英国是工业化最早的国家，工人教育当然最先发达；丹麦是一个农业国，宜乎以农人教育著称；苏联则是一个落后的农业国，急速变成了一个工业的国家，随着经济的变化，形成文化推进的新局面。大概是与中国的国情接近，俞庆棠称丹麦的农人教育为全球表率。她赞扬说丹麦的农人教育运动的事迹为最著。丹麦最早的民众高等学校，设于 1844年，是受了被尊为"北欧之先觉"的格龙维的启导。这种学校允许农民进入学校且可以住宿，通过文化陶冶、精神感发等方式来主导学习。丹麦农业的复兴以此种方式作为原动力，其影响是十分重大的。北欧如瑞典、挪威，也都仿效建立这种学校。这是成人教育史上一个特异的型式。俞庆棠 1933 年参观这所学校时有无穷的感慨。因此，她回国之后一直竭力宣扬和推广丹麦的农人教育，希望中国也可以像丹麦那样，走向一条由乡村复兴促使民族繁荣和强盛的道路。

四、新村主义的崛起

新村主义是流行于世界的一种小资产阶级的社会改良思潮。新村主义主张离开喧闹的城市以及旧社会的黑暗统治势力，另外开辟一个新天地，幻想着可以形成一个没有剥削和体脑相结合的人人工读、人人平等的和睦幸福新村。他们认为，如果有一个新村成功建立了，自然就有人跟随着去建第二个、第三个等更多的新村。新村在社会中普遍形成之时，就是旧的剥削制度结束之时。

早在 19 世纪前期，空想社会主义者欧文和傅立叶就曾先后在美洲新大陆做过尝试建立新村的实验，以失败告终，但是这个实验的影响却波及全世界。

20 世纪初期，日本贵族家庭的自然主义作家武者小路实笃长期受到空想社会主义的影响，提出了一套较为系统的新村主义理论，创办了《新村》刊物，并于 1918 年在日本九州正式组织了第一新村，掀起了所谓的新村运动，并希望可以将新村推广到全世界。恰在此时，王拱璧为了寻求救国救民的道路而赴日本留学。1917 至 1920 年他在早稻田大学研究生院留学时，不仅慕名前去拜访过武者小路实笃，实地考察了新村，而且 1920 年回国后，选择了他的家乡中原腹地一个远离县城的河南省西华县孝武营为主村，把附近七个村庄编在一起，在国内首创新村实验，将主村孝武营更名为"自治青年村"（此村名至今仍沿用，现属郾城县）。他把村民组织起来，建立了村委会，并当选村主委；把青年组织起来，建立了青年自治会和保卫团，创办以"有教无类"为主旨的"青年公学"；在村里实施减租减息政策，并且将不好的风俗习惯进行了改进等。王拱璧十分热衷新村实验，即便后来不可避免地夭折了，但"青年公学"却一直在苦斗中挣扎到新中国成立后，并在之后交给政府继续承办。

由上可知，乡村教育先驱们都是在不断地吸收学习、借鉴借用、消化并且整合了西方国家的先进文化和教育理念的基础上，结合当时中国的具体情况加以创新和引申，从而形成自己独特的教育理念和思想，影响乡村教育的发展。

第四章　乡村高等教育发展的起点

中国乡村高等教育在政治、经济等各个背景的共同作用下，终于在中国这片热土上生根、发芽、成长。

回顾中国的高等教育发展史，在封建社会，农业处于为统治者稳定政权的基础地位，多数君王均认可以农立国，但是通过史料记载可知，立国之本的农业却未曾登上高等教育这一大雅之堂，安国兴邦的建设者——广大农民也未能享受到高等教育。

士大夫之家常有"耕读传家"之古训，即"读"为进身之术，读书是谋求进入官场施展抱负的途径，"耕"则是仕途失意后的退隐之计。遭受官场排挤、难展宏图大志之时，务农是安身立命的本领。在我国，农业成为高等教育始于清末，与近代高等教育制度的建立同步，本章就乡村高等教育的兴起与初步发展一一阐述。

第一节　清末乡村教育的建立

一、乡村教育的兴起

乡村教育兴起应回溯至 1840 年的鸦片战争，在帝国主义侵略势力的坚船利炮的强攻之下，中国数百年来闭关锁国的大门被强行打开。战争失败接踵而至，同时外国资本主义入侵带来大量商品的倾销，冲击中国原本自给自足的小农经济。在军事、经济、文化等多方面的联合强攻下，中华民族面临前所未有的亡国之灾。

清代的有识之士早已觉察到列强军事和经济实力的背后是先进的西方知识、技术、文化、思想。"学校者，人才所由出；人才者，国势所由强。故泰西之强，强于学，非强于人也。"①清朝的有识之士纷纷要求学习西方先进的技术、先进的思想、先进的改革内容，力求通过学习、改革与维新改变中国积贫积弱的现状，促进国家富国强兵，抵御外来的侵略，实现清王朝的中兴之治。

在这样的背景下，随着洋务运动的发展，洋务派成立中国近代新式学堂，标志着中国近代高等教育的开端。自 1862 年京师同文馆成立以来，洋务派的教育内容迅速从汉语和外语扩展到军事装备、航海测算、科技知识。蚕桑学堂的建立是中国实业学校的开端。从那时起，农业正式进入高等教育的殿堂，成为中国高等教育的基本内容之一。

1898 年 3 月 26 日，张之洞于武昌设立农学堂，招生学习研求种植、畜牧。同年 5 月 16 日，光绪帝诏兴农学，命各督抚饬该地方官劝谕绅民兼采西法，切实兴办，办有成效，准予奖叙，命总理衙门颁行农学会章程，命各省学堂翻译外洋农学书籍。但由于戊戌变法失败，这个兴农上谕未得到完全实施。

尽管如此，农业教育的发展趋势已不可扭转。1901 年 5 月，张之洞、刘坤一在《筹议变通政治人才为先折》中，详细介绍了泰西各国和日本的学校之法，建议学习日本分科教学。1902 年 2 月，山西巡抚岑春煊委派严道震在日本聘订农林专门教习各一员，开办农林学堂，11 月开学。同月，直隶高等农务学堂成立，这两所学堂是我国大学专科层次的农业教育的开端。

二、乡村教育制度的建立

京师大学堂成立于 1898 年。京师大学堂成立之初，计划将课程分为两类：普通课程和专业课程。从普通大学毕业后，普通课程学成的学生升入专门学习专业课程的班级。每个学生选择一两门专业课程，有十个专业，包括农学。在那个时候，虽然京师大学堂已经成立，但是教育仍主要停留在形式，学子们对科学以及技能知之甚少，学子并不是想学习知识与技能，而是想要学历证明罢了。

1902 年，清政府任命张百熙为京师大学堂管学大臣，负责纠正教育管理和修订课程。修订后课程分为预备系和常规系，每个系学习三年。预备系分为政

---

① 肖朗，商丽浩.教育交流与变革[M].杭州：浙江大学出版社，2019：368.

治系和艺术系。艺术系组织黏土、光化学、电学、农学和医学等课程，农学已正式成为大学课程。1910 年，北京大学前身京师大学堂开设分校，京师大学堂农科大学开始招生，这是中国农业大学的开端。当时的学制包括一年预科和三年学士学位。

1902 年 8 月，清政府颁布《钦定学堂章程》，亦称"壬寅学制"。它成为国家的高等教育执行准则。《钦定学堂章程》规定，学院将允许学生在进入大学之前经过三年预科学习，再进入大学之后继续分科学习。根据《钦定学堂章程》，京师大学堂开设文学、政法、格致、农业、科技、经济和医学技术七个学科。农业开设农学、农业化学、林业和兽医学。中国农业高等教育体系已经形成。"壬寅学制"确立后，因准备不足及其未得到当权者的支持而没有实施，并被废除。1903 年，清政府公布了《奏定学堂章程》，即中国近代教育史上第一个切实执行的教育章程。根据该章程，教授的内容更加强调实用性，教授各种科学理论和方法，以便将来在实践中应用。京师大学堂开设八门学科：经学、政法学、文学、医学、格致学、农学、工学和商学。农业大学开设四门学科：农学、农艺化学、林业和兽医学。到目前为止，中国的农业教育体系已经建立。从那时起，各级农业学校在晚清有了很大的发展，具体情况如下表所示（表 4-1）。

表 4-1　1907—1909 农业学堂数量和学生人数

年份	高等农业学堂		中等农业学堂		初等农业学堂		合计	
	学堂数	学生数	学堂数	学生数	学堂数	学生数	学堂数	学生数
1907	4	459	15	1681	22	726	41	2866
1908	5	493	30	2602	33	1504	68	4599
1909	5	530	31	3226	59	2272	95	6068

农业在晚清迅速成为教育的主要内容，各地各级政府纷纷建立农业学校。加强农业教育的主要原因有两个。一是有识之士感受到了晚清农业的衰落和乡村的苦难。农民流离失所，即便在收获的秋日，仍旧存在大量的农民因寒冷和饥荒在冬日来临之前就必须面对死亡。当时的有识之士认为要想复兴国家，复兴农业，须运用西方的方法，发展农学。二是农业的复兴有赖于农学的发展。以农业为经度，以贸易为纬度，统筹兼顾，从规模到细节全面准备，是强国富

国的先导。在发达的西方国家，农业的要求越来越高，新的理论不断涌现。通过效仿欧美国家，学习农业机械和农业科学，然后推广先进的农业知识。

中国幅员辽阔，资源丰富，不大力发展农业，就不足以丰富人们的生活，不足以满足人们对农业产品的需求。各行各业都有不同的专职人员从事工作，正如农业有农民，工业有工人，商贸有商人，军队有士兵。经调查清朝末年，美国每年的农业产值为3100兆两白银，俄国每年的农业产值为2200兆两白银，法国每年的农业产值为1800兆两白银，而中国每年的农业产值为300兆两白银。农业生产的巨大差异是由于农业教育的巨大差异。因此，面对农业教育对中国农业产量的影响，在1906年，清政府提出了"忠君、尊孔、尚公、尚武、尚实"的教育宗旨，对于"尚实"做出如下解释：今时今日，世界各国都在为本国的实际利益而竞争，特别是教育应当培养国家事业所需要的实业人才，培养可以用于农业、工业和经济的全方面人才，这不仅有利于人民的生计，也是最重要的富国计划，还是培养最有用的教育人才的重要途径。清政府诏书还强调，要重视农业、工贸、工业、物资和土地，为国民经济和人民生活服务，培养许多诚实的人才，国家才能蒸蒸日上。

清廷在兴办农业学堂的同时，采取了促进农业学堂发展的三项措施，如图所示（图4-1）。

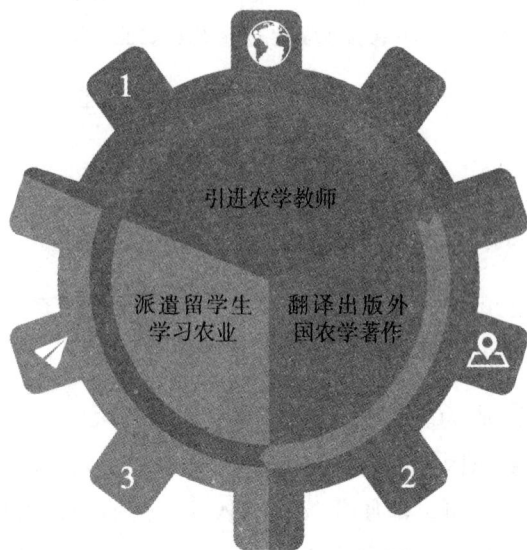

图4-1　清廷促进农业学堂发展的三项措施

（一）引进农学教师

中国的农学在萌芽发展初期面临着教师短缺这一巨大难题，所以学校需要聘请大量外籍教师来教授知识。浙江蚕学馆成立于 1897 年，聘用日本农林方面专业教师；1898 年，湖北农务学堂正式成立，并邀请了两位美国农业教授；1902 年，京师大学堂农科聘请十多名日本教师担任农业科学、动物生理学、植物学、植物病理学、昆虫学等课程的教师。从那时起，越来越多的外国农学教师受雇于中国农业高等学校。

（二）翻译出版外国农学著作

在光绪帝引导维新运动期间，光绪下令推广农学，重视农学，要求大量翻译外国农业书籍。1897 年，罗振玉带领创办了农业学会，出版了《农学丛书》一套书，共 68 卷，本系列套书包含 149 个农艺学译本。从 19 世纪末到 20 世纪初，翻译出版了 200 多部农业著作，其中一些农业著作被选为当时各级农业学校的教材和参考书，对我国农业教育的发展起到了良好的促进作用。

（三）派遣留学生学习农业

首先，清政府由于大兴洋务运动，专门派遣公费留学生学习军事管理、航运管理等，洋务运动后期，农业逐渐被纳入学习范畴。1899 年，总理各国事务衙门发布《奏遵议出洋学生肄业实学章程折》，表示除了学习海上军事、陆地作战军事知识外，留学学生主要学习语言和写作，但不涉及其他知识，例如，农业、工业和采矿业。西方各个国家都重视农业相关行业的教育质量，长期以来重视专业知识的教授。中国同样需要专业的技术人才教授农业、工业、采矿业的相关知识，然而真正能胜任教授相关行业知识的人不多。因此，留学生被分配到不同国家的农业、工业和商业学校专门学习，为回国教学做准备。张之洞和刘坤一也一再强调，专业的学校应该尽快建立起来。然而，仅仅建立更多的学校是远远不够的。如果想建立更多的学校，必将面临两个困难：一是经费困难，经费难以维继正常的教学工作；二是可以担任教学工作的人较少，难以进行正常的教学工作。解决这两大困难唯一的办法就是出国留学。因此，1909 年，教育部发布了一份关于纠正和规划留学生教育的通知，称"从那时起，所有公费出国留学的学生都必须学习农学、格致学和工学，不能随意改学其他科目，以此方式鼓励实业发展和培养教师"。

据《中国大百科全书·农业卷》统计得知，清朝末年的留学生中学习农学者为 200 ～ 300 人。留学生派遣逐步从重视军事到重视农业等学科，为民国时期我国高等教育的发展培养了相关人才，同样为高等教育通向乡村的起步奠定了良好的基础。

三、清末乡村教育的特点

清末乡村教育的特点如下图所示（图4-2）。

图4-2 清末乡村教育的特点

01	教育内容扩展是一个突变过程
02	处于萌芽状态

（一）教育内容扩展是一个突变过程

朱国仁认为，中国高等教育现代化模式是一种典型的"后发外生型"高等教育。从西方科学家的角度来看，大学的发展历程与生物体的进化历程非常相似，而生物体的进化是通过不断的小改革来完成的。然而，对于"早发内生型"高等教育的发展来说，高等教育内容的扩展确实是一个渐进的过程。

从历史角度看，大学是以同心圆的形式发展起来的，由内及外逐渐扩展。大学起源于希腊哲学院和亚历山大图书馆，也就是第一座大型图书馆。西方大学以图书馆为起点，逐渐扩展到了各种专业，后来扩展到科学研究。西方大学自文艺复兴之后，逐渐演变、渗透，时至今日早已发展至农业和工业等相关行业，西方大学的这种发展也持续了数百年。中国高等教育的内容从最初对儒家思想的宣扬与发展，逐渐延伸到农业、工业和贸易等所有学科。但与西方大学发展持续不同，在我国此过程只持续了几十年，这是一场由外部力量驱动的促使高等教育院校发生的剧烈变化。诚然，中国高等教育体系的建立并不是在任何条件都已完备后发生的一个自然发展的过程，因为在清末发展的中国高等教育具有特殊性，因此，高等教育进入乡村地区相较于城市发展更加缓慢。

（二）处于萌芽状态

晚清时期，虽然高等农业教育体系基本建立，但农业教育对改善农业、发展乡村、改善农民生活的作用不大，高等教育进入乡村的道路尚未真正开辟。邹秉文——中国近代农业高等教育的重要奠基人，对晚清农业教育作了如下评价：中国的农业学校成立了十多年，投入了数百万资金，然而这十多年的农业教育带来数千名农业毕业生，这些毕业生又对国家农业产生了什么重要影响呢？邹秉文本人也是从事农学教育的一员，于农业学校执教四年，常常因为这个问题难以找寻真正的答案而感到痛苦。这一结果主要归因于"后发外生型"模式的突变。

具体来说，中国高等农业教育发展缓慢有三个原因，如下图所示（图4-3）。

图4-3　造成中国高等农业教育发展缓慢的原因

第一，教育没有完全脱离科举的固有模式。

虽然学生们学习工业、农业等现代科学，但毕业后仍然会根据考试成绩选拔优秀的人才使之成为官吏中的一员。正如1904年《奏定各学堂奖励章程》中规定：考试成绩最好的学生首先由政府挑选。

梁启超曾表示，在中国办教育之初，学校尚未完全建立，教育者仍然使用过去科举的方法。他们只知道如何奖励将人生目标设立于官场上有所作为的学生，比如毕业后学生的分配和留学生的选拔规则，想要中国改变两千年来一贯沿用的科举制度实属不易。

第二，学生学习农业的目的不是振兴农业。

此种制度下，教育不能真正实现普及大众的目的，即便学习农业、工业和商业，最终学成的学生进入官场，也并不是真正的学以致用。此外，当时几乎所有农业学校的学生都是城市生源，由于他们被生活的环境所限制，他们对中国的农业和乡村知之甚少，缺乏了解，所以多种因素作用下，很少有学生在毕业后真正从事农业工作。

第三，缺乏教师和教材。

当时农业农学的教师严重短缺，所以不得不雇佣外教。这些教师来自不同的国家，对中国的背景和环境没有深刻的了解，更没有对中国的未来发展之路有深刻的认识，外教对中国的实际情况了解不多，只能照搬自己国家的教材内容教学。因此，这些外籍教师几乎未作出具体的贡献，更难以推动中国的乡村高等教育发展进程。另外，农业教科书的翻译也都是直译，农业教材并不符合当时中国的实际特点。

总之，晚清的高等教育体制已初步建立，农业教育体制已大致成型，但传统科举制度影响的痕迹依然明显。高等农业教育对国家影响不大，高等教育通向乡村的主客观条件尚未具备。

第二节　民国乡村高等教育的发展

1912 年，辛亥革命推翻了清朝，结束了 2000 多年的封建帝制，建立了民主共和国。维持千年的封建专制的桎梏已经被解除，中国的高等教育体系也逐步摆脱封建主义，走向现代高等教育。

民国时期，中国农业高等教育的发展主要体现在两个方面：农业高等教育体系的完善，以及农业院校开始尝试承担三大基本职能，即培养人才、发展科学、直接服务社会。

一、高等农业教育制度的定型

民国初年，教育部公布了《大学令》《大学规程》《专门学校令》《公立私立专门学校规程》一系列高等教育规程、规定。例如，《大学令》中规定，大学主要任务是教授较为高深的学术知识或者学术技术，培养专业人才攻读高深学业内容，旨在培养硕学闳材，人才培养必然以应国家之需为宗旨目标；大学被分为文科、理科、法科、商科、医科、农科、工科几大学科。《大学规程》又进一步规定大学预科和本科，通常预科学制为三年，本科学制通常为三至四年。《专门学校令》规定，专门学校通常以教授高等学术为基本任务，培养出专门人才是发展的宗旨。专门学校分为法政专门学校、医学专门学校、药学专门学校、农业专门学校、工业专门学校、商业专门学校、美术专门学校、音乐专门学校、商船专门学校、外国语专门学校等各种门类下的专门学校。

以农科为例，无论是学制方面，还是专业划分方面，民国初年与清朝末年时期并无多大的区别。如《大学规程》中，农科分门与清朝末年一致，仍划分为农学门、农艺化学门、林学门和兽医学门，但各学门的课程设置相较于清末时期有了较大发展。在《大学规程》中，农学专业的课程设置与清朝末年的《奏定学堂章程》相比，删除了不合时宜的"土地改良论"和"国家财政学"两门学科，同时新增了"农学总论""农业土木学""农业机械学""害虫学""细菌学""生理化学""殖民学""林学通论""兽医学通论""水产学通论"和"农业经济演习"等11门更符合时代需求的农业学科。同时，学习的学科也从原来的27门增加为36门，学科涵盖范围转为广义的农业范围。

20世纪20年代前后，大量在美国留学的学生接受美国教育回国后，交口称赞美国的学校制度。五四运动后，教育界广泛提倡学校制度改革，大多数人也逐渐倾向采用美国的六年小学、三年初中、三年高中的学制。1921年，全国教育会联合会第七届年会上提出了一项关于学校制度的提案，讨论了学校制度的改革问题。受当时舆论的威慑，北洋政府被迫于1922年在山东济南召开学制改革会议，宣布改为新学制。学制改革，即壬戌学制，规定大学可以开设综合性院校或者专门性学科院校。专门性学科院校有科技大学、医科大学、法学大学等，学习时间为四到六年，具体的学习时间必须根据其学校性质的复杂性和简单性合理安排，学校可以根据学科和当地特殊情况设立。新的学校制度废除了预科制，要求大学学院直接招收高中毕业生，不再设置预科。自清末以来，大学分为预科和学士两个阶段的制度被废除后，这一阶段的高等教育制度已经形成，中国的高等教育体系基本完备。

1929年4月，南京国民政府宣布了"中华民国"的教育宗旨和实施政策，实行根据"三民主义"延伸出的教育宗旨和实施方针。南京国民政府还颁布了《大学规程》和《大学组织法》《专科学校规程》和《专科学校组织法》。《大学规程》规定，大学通过高级学术研究来培养专门人才，包括艺术、科学、法律、教育、农业、工程、经济和医学等领域。每一所大学或独立学院都有几个学术部。根据大学规定，大学的农业学院或独立学院的农业系分为农学、林业、兽医学、畜牧学、蚕桑学、园艺学等部门。根据大学的规定，大学教授应用科学，培养技术人才。专科学校分为四类，其中一类为农业，专门设农学、林业、兽医、园艺、蚕桑、畜牧、水产等与农业有关的学科。若学校中专门开设两门学科以上，可以称为农业专科学校。随着农业高等教育体系的完善，农业高等教育院校的院系形象日益多样化。除了《大学规程》规定的学院外，还设立了许多其他农业学院或团体。

例如，1920年在东南大学成立了植物病虫害系；1921年在国立北京农业学院和金陵大学林业系成立了农业经济系；1924年在金陵大学林业系成立了乡村教育系；1927年，乡村教育系成立了浙江劳动与农业学院；1945年，中央大学农业学院成立了农业工程系；1946年，国立西北农业学院增设农业机械与农产制造系。据1949年的统计，全国农业院校的院系和学科数量增至211个，院系和学科类别由民国初年的4个增至31个，原则上院校学科涵盖了乡村生活的所有方面。

二、高等农业院校基本职能扩展

现代高等学校有三项基本社会职能，如下图所示（图4-4）。

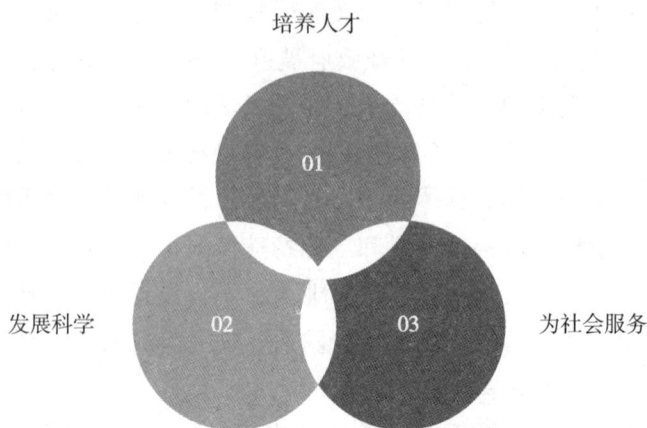

图4-4　高等学校三项基本社会职能

　　清末民初，中国高校的基本职能仅限于人才培养。在民国初期，北京农业专科学校等高校也开展了一些直接服务于社会的知识传播活动，如开设简单的农业作坊招募农民子女等，逐步向村民传授农业知识。然而，由于这些活动规模较小，在当时没有产生很大影响。中国农业院校第二和第三职能的实际产生和发挥是在 20 世纪 20 年代中国高等教育制度化和大批外国留学生回国之后。

　　20 世纪 20 年代以来，农业院校逐渐重视农业科学研究，建立了各种农业科学研究机构。1922 年，中国科学社在南京成立了以东南大学农业生物学系教授为核心的生物研究所。1927 年，中国水稻育种创始人、广东农业大学教授丁颖在广东省茂名县建立了第一家专业水稻育种研究机构。与此同时，大学或独立学院的农业教授们都对植物育种、病虫害、果树和蔬菜种植以及乡村经济和社会问题进行了大量研究，取得了许多科学成果。根据记载，到 1947 年，国立和私立农业学院和大学都有农业研究所。随着高等院校农业科学研究的广泛开展，许多农业专家和教授开始尝试在中国的农业高等教育中引入教学、科研和推广三位一体的体系。

　　19 世纪初，德国柏林大学开始在大学中引入研究职能。为社会服务的职能起源于美国，最初是通过农业院校实现农业扩张。《莫里尔法案》的签署和生效与赠地学院的成立密切相关。实施农业和机械技术教育，服务于当地经济和文化发展，扩大了美国高等教育的功能，为社会和经济发展提供了直接服务。

　　在美国高等农业教育体系的教学、科研和推广三个阶段结束后，美国提出了"康奈尔计划"。中山大学的农学教授邓植仪提出，农业教育与农业建设当谋其沟通，农业教育要以整个农业为对象。高等农业院校所负使命，不仅造就专门人才而已，尤须负推进及解决地方农业问题之责。中山大学的农学教授丁颖始终认为，农业院校必须承担三项任务：第一，振兴农业、振兴乡村和稳定农民生活；第二，解决农业科技推广问题；第三，民族文化素质的提高。

　　毕业于康奈尔大学农业学院的东南大学农科主任邹秉文更详细地解释了农业大学的四项任务，如下图所示（图4-5）。

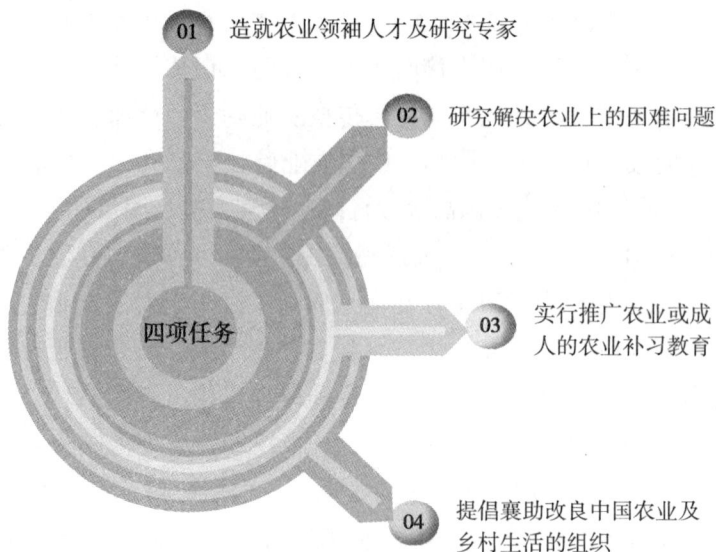

01 造就农业领袖人才及研究专家

02 研究解决农业上的困难问题

四项任务

03 实行推广农业或成人的农业补习教育

04 提倡襄助改良中国农业及乡村生活的组织

图 4-5　农业大学的四项任务

1929 年，国民政府通过了由农学教授提倡的《农业推广规程》，其中第二条规定，国家或省级大专以上的农业学校可与省级农业管理部门共同管理农业推广问题，或在全国或省级大专以上农业院校设立农业推广办公室，负责全省农业推广工作。

1929 年 4 月 26 日国民政府公布的《中华民国教育宗旨及其实施方针》明确指出，关于农业推广这一问题，必须由农业教育机构积极实施，促进农业生产方法、农民技能、乡村组织和农民生活的改进、农业科学知识的普及和生产合作的加强，全面落实农民消费。从 20 世纪 20 年代初到 1937 年抗日战争全面爆发，中国农业院校的农业教育呈现出前所未有的繁荣，以各种新颖的高等教育形式通向乡村。

然而好景不长，抗日战争开始，伴随着大部分高校迁移，原有的农业发展和农业教育工作中断。抗日战争胜利不久，国民党开始了内战，农业教育推广和教育相关工作也未恢复到战前的水平。

民国时期高等农科院校的农业推广教育活动的主要形式有五种，如下图所示（图 4-6）。

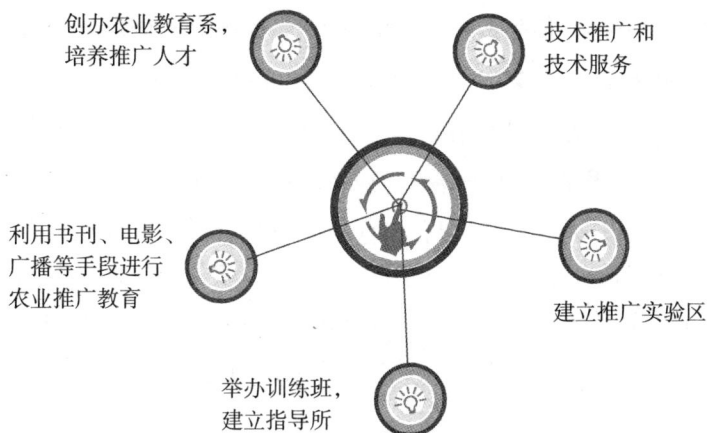

图 4-6 农业推广教育活动的主要形式

（一）技术推广和技术服务

包括农作物良种的推广，如 1925 年以来东南大学农业系水稻和小麦良种的推广，以及 1923 年以来中山大学农业学院蚕种和水稻种子的改良和推广。仅在 1923 年，高等农科院极就研究了 22 种优良水稻品种，并向 100 多名农民发放了优良稻种。自 1929 年以来，中央大学农学院一直在江苏研究改良棉花品种。据 1934 年的统计，中央大学农学院推广了该学院培育的四个小麦品种，在江苏、安徽、浙江地区进行推广实验。当年小麦实验区产量超过 520 石，其中江苏试验区产量为 483 石，安徽试验区产量为 12 石，浙江试验区产量为 26 石。此外，农业院校还向乡村地区派遣工作人员，开展虫害防治工作，指导养蚕方法。

（二）建立推广实验区

1922 年，金陵大学农学院成立江宁农业推广示范县。1926 年 10 月，东南大学农业系与中华职业教育社联合组织了昆山徐公桥实验区。抗日战争时期，各农业院校还设立了许多以区为单位的农业推广试验区。例如，在 1938 年，金陵大学农业学院受四川省乡村合作委员会委托，建立了仁寿农业扩展区和温江农业扩展区。金陵大学农学院还与其他单位合作，建立新都、南郑推广区等。

（三）举办训练班，建立指导所

农业大学的短期培训始于 1915 年成立的北京农林讲习所。从那时起，农业大学开设了大量短期农业培训课程，以招募农民积极参加培训，学习农业生产先进技术。例如，1935 年山东大学农业学院成立后，开设了一个冬季农民短期培训课程班，面向学院附近农民，当年有 15 名农民进入培训班学习。

（四）利用书刊、电影、广播等手段进行农业推广教育

为了实现有效的农业推广教育，各大农科院校纷纷为农民编撰通俗易懂的科普书刊、杂志、报纸甚至是传单，以 1928 年中山大学农学院为农民编撰的《农业浅说》为例，发行万册，为农民开展农事活动提供了有效的农业知识。

20 世纪 40 年代，金陵大学农学院为农民科普农业知识，专门开设广播电台，也收获了很好的宣传效果。同时期拍摄的影片也在全国上映，一方面起到了科普的作用，另一方面也体现了国家及相关部门对于农业生产的重视程度。

（五）创办农业教育系，培养推广人才

农业培训还注重人才的培养。金陵大学农林科乡村教育系成立于 1924 年。1939 年，根据教育部的统一规定，乡村教育系更名为农业教育系。此后，江苏省立教育学院、四川省立教育学院、福建协和大学农学院、湖北省教育学院和国立青岛大学相继成立了农业教育系。以金陵大学农业教育系为例，它的培养目标是培养承担以下任务的农业专业人才：一是为各级农业职业学校培养教师；二是培训和提升人才；三是农业教育研究。农业教育系的课程包括农学和教育理论，既包含乡村社会学，也有农业推广的任务。由于农业领域的所有研究成果都是基于推广的结果来确定其实用价值的，因此需要不断地提建议和解释来说服农民接受和应用农学知识与科技成果，从而进一步推进农业发展。

高等教育走出象牙塔，逐步走向世俗化、大众化，发挥直接服务社会的功能，主要开始于农业院校。例如，美国高校第三职能的出现，主要是因为建立了赠地学院，而赠地学院的初衷是促进广大乡村地区农业的机械化和科学化，这是为了满足当时美国经济发展的需要。农业的发展和生产效率的提高是农业国家工业化的基础，因此，美国农业院校直接服务社会的职能形成较早。中国也是如此。受到美国农业教育制度的启发，中国的高级农业教育工作者在民国时期对农业教育进行了艰苦的研究与探索，创造了适应中国乡村特点的多种形式的农业教育。这不仅是我国高等学校第三职能形成的开端，也是乡村高等教育的第一步。

第三节 民国乡村教育运动兴起

20世纪20年代至30年代左右，中国出现了一种特殊的高等教育形式，导致乡村地区出现了乡村教育运动。其中包括以黄炎培为代表的中华职业教育社在山西和江苏进行的乡村改进实验，陶行知在南京郊区晓庄创建的乡村建设实验，以及在上海郊区创建的山海工学团，由晏阳初在河北定县主持的中华平民教育促进会，以及由梁漱溟在河南和山东开展的乡村建设运动。根据《第二次中国教育年鉴》的统计，1935年有193处这样的教育实验区。乡村教育运动之所以如此特殊，是因为即使本研究对高等教育进行了较为宽泛的定义，也很难将乡村教育运动中开展的扫盲活动、健康知识教育和其他活动视为高等教育活动。在一定程度上，可以将乡村教育运动看作乡村地区高等教育的先驱。

一、乡村教育的目的

发展乡村地区高等教育的根本目的是改造乡村地区，改变农民，促进乡村社会和经济发展，最终促进国家工业化和现代化。1840年后，由于国外资本入侵，中国乡村逐渐成为外国工业产品的市场和原料基地。1929年至1932年，全球经济危机时，外国资本再次冲击中国乡村，大量资本主义农产品流入中国，给中国农产品发展带来巨大压力。具体情况如下图所示（图4-7）。

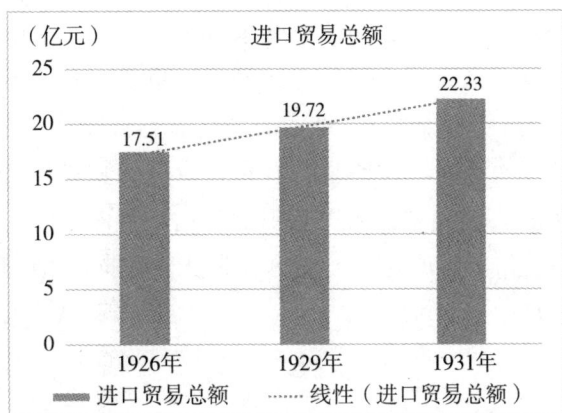

图 4-7　1926—1931 年中国进口贸易情况

由上图可知，1926 年，中国进口商品总值 17.51 亿元，1929 年增至 19.72 亿元，比 1926 年增长 12.6%。1931 年，进口贸易总额为 22.33 亿元，比 1929 年增长 13.2%，同时比 1926 年增长 27.5%。

尽管增长速度不同，但进口商品中的农产品数量在增加，中国本土农产品价格大幅下降。如果 1931 年的农产品价格指数为 100，则 1932 年和 1933 年的农产品价格指数分别为 72 和 61。在中国大部分地区，农业和第二产业正在萎缩，农民生活正在恶化，乡村经济正在崩溃。除了经济问题，中国乡村的官场黑暗也很严重。这些贪官、邪恶的贵族势力完全以黑恶势力与封建官僚作为他们的犬牙来剥削普通农民。普通农民往往不懂得反抗和集结成为一个有组织的团体，难以实现互相帮助。

晏阳初认为，中国农业问题的根源不是别的，是民族僵化、民族思想愚昧，基本上是关于人的问题，是一个积攒了几千年、非常复杂的难题。乡村教育运动就是为了解决这个问题而出现的。几千年的封建统治使农民世代受苦，他们无法接受高等教育，长期的无知无法根本摆脱。农民经历了无数艰难困苦，只要给他们机会，他们的智慧总有一天会爆发。正如有位伟人曾经说过，世界上最宝贵的财富是人，世界上最有价值的矿产是人的大脑。中国农民的大脑挖掘空间巨大，中国的农民蕴藏着无限的力量。乡村教育的目的是提升农民活力，改善农民生活，巩固国家基础，实现中华民族的繁荣富强，为世界和平奠定发展基础。

二、乡村教育的内容

可以确认的是，乡村教育运动的灵感来自美国的农业推广继续教育和丹麦的民众高等教育运动，但中国乡村教育运动似乎更受后者的影响。丹麦的繁荣是由农民的乡村教育运动推动的。丹麦的现代教育运动是由乡村教育发起的，它与城市教育几乎没有关系。很明显，教育在乡村的复兴和民族精神的弘扬是由于高等教育体系的兴起和乡村人民意识的表达。然而，民国时期的乡村教育运动并不是简单的模仿美国或丹麦。美国农业科学院的农业扩张活动内容广泛。如下图所示（图 4-8）。

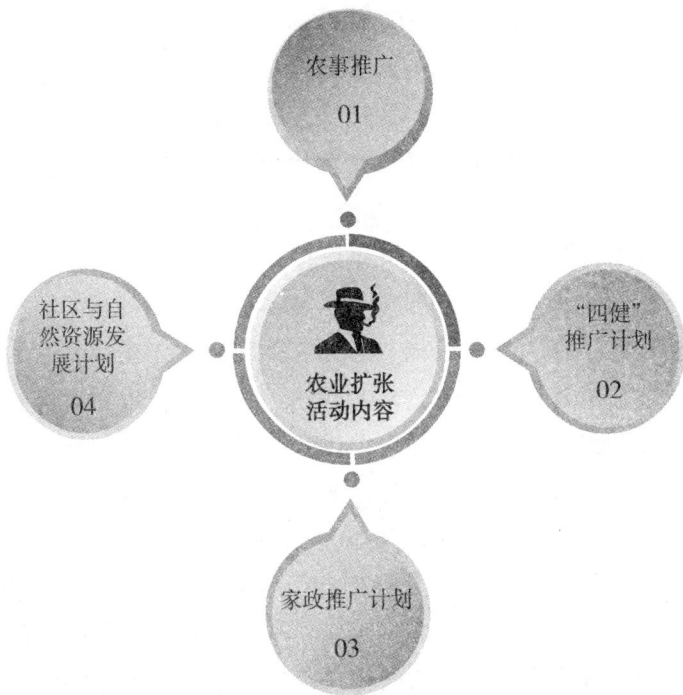

图 4-8　美国农业科学院的农业扩张活动内容

（一）农事推广

其中包含农业企业管理、农作技术农场管理等项目。

（二）"四健"推广计划

"四健"，又名 4H，取自头脑（Head）、心灵（Heart）、双手（Hands）和身体（Health）四个英文单词的第一个字母，它意味着聪明、善良、熟练和健康。该项目旨在使人们通过教育成为在思想、道德、智力、生活技能和健康方面对社会有益的年轻公民。

（三）家政推广计划

其中包含家庭关系与人类发展、织物和服装、人类营养。

（四）社区与自然资源发展计划

其中包含社区发展和资源发展内容。

丹麦公立学院和大学要求青年男女敞开心扉，自觉认识社会，追求、理解和实践精神生活，以达到青年男女拥有伟大的人生观和世界观的标准。因此，丹麦的公立学院和大学是唤醒丹麦民族灵魂的地方。丹麦的教育内容包含历史、歌唱、体操、社会和自然科学，一般不包含农业技术。因此，中国的乡村教育运动并未简单地模仿美国或者丹麦的模式，而是具有中国特色的尝试。以晏阳初的定县实验为例，定县实验的具体方案是基于详细的定县社会研究，不断调整方案内容的。

根据调查结果，晏阳初认为乡村建设存在四大问题。乡村建设包含的四个基本问题可以用四个词来表示，即无知、贫困、荏弱和自私。面对这四个根本问题，晏阳初提出了四大教育领域——文艺教育、生计教育、卫生教育和公民教育，针对性地解决建设进程中包含的问题。文艺教育旨在解决人民无知的问题。文艺教育包括促进受教育者性格形成和提供艺术修养教育，它应该从性格和艺术教育开始，让人们了解良好性格的培养方式，获得艺术熏陶，并为人生发展做好准备。生计教育是为了解决贫困问题。生计教育工作是从农业生产、乡村经济和乡村工业的各个方面开展的。卫生教育旨在解决人民荏弱的问题，注重公共卫生和科学医疗设施建设，建立乡村卫生体系，保持农民最低健康水平。公民教育旨在解决人民自私的问题，其目的是唤醒人们的道德观念，给他们良好的公民教育，培养他们的团结、正义、公民常识和政治道德，以创造良好的公民道德环境。

晏阳初指出，这四个问题是相互联系的，不是孤立存在的。为了培养人们学习的能力和提升人们的知识技能，学校必须通过教育培养人们的生产力、健康和团结等素质。这四大教育是相互依存的，不能指望一刀切地实现。执行四大教育不能单靠学校教育实现，而要通过三种方式来实现，即学校教育、家庭教育和社会教育。

三、乡村教育运动的发起者和参与者的特点

一大批来自外国的专业博士、硕士、大学教授和学者从高校来到乡村，形成改变原有的乡村教育的景象。1926年底，陶行知在南京郊区创办了一所乡村实验师范学校。这所学校于1927年3月15日正式开学，标志着乡村教育运动的开始。1929年，晏阳初的定县实验吸引了相当数量的一流知识分子。在农业和乡村教育方面，定县实验中有康奈尔大学农业经济学博士冯锐，艾奥瓦大学博士刘拓，北京师范大学教授、农业工程师专家、康奈尔大学乡村教育博士傅保琛。在健康教育方面，有毕业于美国哈佛医学院的陆志谦。在乡村文化和教

育方面，有国立北京艺术专科学校创始人郑锦，他在日本学习了十年，从法国回来；有前北京大学教授、北京《晨报》副主编孙伏园；有拥有哈佛大学教育学博士学位的瞿菊农，它曾担任中华平民教育促进会研究部主任，代总干事长；有在日本、美国学习了 11 年，专注于政治经济学，当选第一届国会参议员的陈筑山；有哈佛大学博士、专攻戏剧研究的熊佛西，回国后担任国家表演学院院长。在社会研究方面，有哥伦比亚大学社会学硕士、中国文教基金会社会科学研究所副所长李景汉。此外，还有许多外国医生、外国硕士、教授和专家准备离开富裕的大都市，以爱国之心服务国家，逐渐在建设国家过程中展示他们的雄心壮志。爱国人数众多，乐于投身于乡村教育运动的有识之士不计其数，甚至很难统计参加乡村教育运动的具体参与人数。以定县、南京晓庄和山东的邹平为中心，形成了一场全国性的乡村教育运动。

抗日战争爆发后，博士、硕士和专家教授尚未来得及长期在乡村工作，就受到战争影响，大部分乡村教育运动被迫中断。即便如此，他们在乡村教育运动中发挥的重要作用也不可被忽视。在提高农业生产技术、普及农业科学知识、改善乡村卫生条件、开展扫盲运动、普及文化科学知识、提高农民的道德水平方面他们都作出了突出的贡献。这场乡村教育运动不是现代意义上的三教统筹的乡村教育，而是乡村教育的开创性社会实验。

四、乡村教育运动的启示

虽然乡村教育运动持续时间较短，很快受到了战争的影响，但乡村教育运动是多元的，且带有深远的影响，带给我们很多启示。首先，高等教育通向乡村。这就要求高校放弃传统的大学思想，成为公共知识的补充站。虽然，从传统观点来看，大学院校参与知识的普及和推广有一定难度，这意味着高等院校必须降低身份、融入乡村，但是从高等教育的发展趋势来看，这是不可逆转的。可以说，乡村高等教育是这一趋势的首批践行者之一。

其次，高等教育要在乡村发展，不仅要考虑乡村经济发展的需要，还要考虑农民知识文化素质的提高。乡村建设问题不能单靠一个方面来解决，而要通过综合建设、多种途径的联动来解决。因为社会生活是整体的、集体的、网络化的、有机的，不能仅从一个方面努力试图推动乡村经济发展，提升乡村农民的素质是发展的必备条件。

再次，乡村高等教育成功的前提是适应新形势乡村地区的真正需求，不能仅仅依靠合理的想象，而必须基于翔实的研究和调查。学术研究往往很容易脱离现实，一旦脱离实际，研究往往一事无成或毫无用处。乡村教育运动的实践表明，当专家们离开学校深入乡村时，他们将高等教育与乡村生活融为一体。这不仅可以直接从高校的科研中提升乡村的发展，而且可以不断提高高校的科研水平和质量。在定县实验中，李景汉的《定县社会概况调查》时至今日，仍可以被称为近代中国运用西方社会学方法和技术的爱国知识分子进行县域社会调查的代表作。

最后，高等教育通向乡村要求教师具有献身于乡村的奉献精神。不了解农民疾苦、不了解乡村需要的教师无法培养出真正关心乡村的大学生。这意味着不仅要把高中毕业生送去接受乡村高等教育，还要使高校教师亲自参与发现问题、研究问题，从学习中解决问题，逐步搭建高等教育与乡村之间的桥梁。

五、分析民国时期乡村高等教育

（一）危亡时期乡村高等教育起步

20世纪20年代到30年代，日本帝国主义侵略中国的步伐明显加快，救亡图存、重建国家已成为中国社会的主题。因此，无论内部或者外部原因都促使乡村地区开始接受高等教育。然而这一进程并不顺利。一方面，晚清以来，中国教育者，尤其是海外归国者，未能在新教育中促进民族复兴和社会繁荣。中国新教育的进程与时代背景完全不相容，因此新教育的建设被推迟了30多年，结果也令人失望。当时改革的教育结果并非是社会所需要的，而且甚至会陷入国家退化。

正因如此，中国的乡村教育在这一时期并未走上正轨，当时的乡村教育教导人们离开乡村、脱离乡村、进入城市。这些教育都是畸形且不健康的。因此，中华民族只有通过改革乡村教育才能实现自强自救。

另一方面，美国和丹麦乡村地区高等教育的成就为教育工作者提供了教育经验，尤其是丹麦的成功更为显著。19世纪，丹麦仅仅是北欧的一个小国，面积只有1.6万平方公里，人口只有350余万人。它是一个自然环境无优势的北欧小国，岛屿众多，并且国土范围内都是贫瘠的土地，气候也是常年寒冷潮湿。1823年，丹麦卷入了拿破仑战争，英国在战争中摧毁了丹麦强大的海上国防，分裂了已经统一了400年的挪威。1846年，丹麦再次遭到德国的袭击，虽然奋力抵抗，但是实力差距过大，最终仍是不敌，被击败后失去了好斯坦和什列斯威格两省。随着外国列强的一再攻击，丹麦的民族精神一度崩溃和沉沦。为了复兴丹麦民族，丹麦诗人、历史学家、教育家和哲学家格龙维（1783—1872）建立了成人教育中心和大学，并利用成人教育中心和大学的教育培养爱国主义民族精神和民族意识。1844年，丹麦第一所民众学院在葛龙维的领导下成立。从那时起，民众学院迅速流行起来。自19世纪以来，整个丹麦仅仅历经80年，不仅恢复了民族与生俱来的良好精神，而且发扬了这种精神，克服了自然和外部的困难，创造了当今世界的"模范农田"。当时，中国民族精神的衰落与过去的丹麦别无二致。

中国当时处于需要新发展、新变革的新阶段，当时发展的大问题是民族解放和生存的问题。教育家应该用什么样的方法来实现这个目标才是当时的紧迫问题。当时的教师们选择以丹麦和美国为例，因此，从20世纪20年代到30年代，高等教育进入乡村地区。农业院校的农业继续教育活动和乡村教育运动都在一定程度上受到丹麦和美国的影响。

（二）教育工作者的教育理念推动乡村高等教育发展

教育工作者抱着教育为乡村、为农民服务的理念，投身到高等教育通向乡村的活动。随着教育必须服务于乡村地区和农民的理念的盛行，教育工作者致力于引领乡村的高等教育运动。中国幅员辽阔，以农业为基础，其中85%的土地归农民所有。他们做得最多，享受的权利最少。为了解救农民、探寻发展之路，教育工作者要积极探索救国的战略和道路，培养乡村中的有识之士建设乡村。

（三）中国乡村高等教育本土化发展之路

20世纪20年代，教育工作者逐渐意识到，为了让教育承担起拯救民族和确保民族生存与发展的历史责任，我们需要在模仿和借鉴的基础上探索一条适合中国本土文化的教育路径。一个时代有一个时代的社会背景，所以一个时代有一个时代的教育制度。即便是当年所谓的"新教育"，也不是走西方教育的老路，更不是西方高等院校的复制品。正如日本学生留学回来做日本教育，英国和美国学生留学回来做英国和美国教育，同样，中国人在中国也不应做外国教育，而是彻底审视自己国家的需要和问题，逐步形成真正适合中国国情、适用于中国的教育体系。

今天，人们对乡村高等教育运动的评价仍存在不同的看法，但是，如果从高等教育在国内发展的角度来看待当时的乡村教育运动，不难得出结论：乡村教育运动对研究高等教育路径发展作出了突出的贡献。时至今日，中国社会的政治背景、经济背景、文化背景早已发生了巨大变化，发达地区的乡村经济发展开始逐步走向现代化，但当年乡村教育运动的经验仍然具有建设性的意义。

第五章　乡村高等教育发展的探索

人是生产力中最活跃、最重要的要素。当今世界，经济、科技、文化和综合国力的竞争，很大程度上可以归结为人力资源的竞争，而人力资源竞争的核心其实是教育的竞争。

中华人民共和国成立后，优先发展乡村教育，逐步把以前集中在城市特别是大城市的教育资源转移到乡村。要促进传统农业向现代农业的转变，必须把乡村人口压力转化为人力资源效益，让乡村在经济社会协调发展中发挥应有的作用。本章就中华人民共和国成立后的乡村农业教育进行概括简述，就乡村高等教育的尝试与探索之路一一展开探究。

第一节　中华人民共和国成立后乡村农业教育

一、中华人民共和国成立后乡村发生变革

（一）农业发展是社会进化的必要组成部分

从人类历史的角度来看，生产技术的每一次变化都会导致人类物质和精神发生变化。社会发展进程表明，农业在发展过程中，为了维持农作物所需的土壤条件，经历了以下几个阶段，如下图所示（图5-1）。因此，农业工业化是传

统农业发展的必然趋势，农业逐渐实现从小农经济到规模化是农业发展的必然趋势。

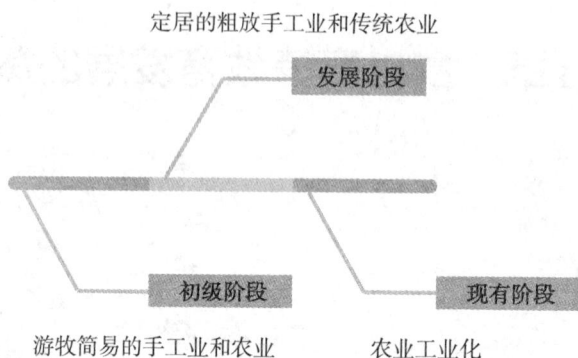

定居的粗放手工业和传统农业

发展阶段

初级阶段

现有阶段

游牧简易的手工业和农业　　农业工业化

图 5-1　农业发展阶段

历史发展的过程表明，农业可以越来越多地提供从事农业生产活动产生的剩余产品，这是社会进化和文明发展的基础。"没有农业的社会是不稳定的"，这句话也符合社会发展的规律，即从事农业工作的人和从事经济工作的人为从事其他行业的人员提供了必要的农业产品。社会生产小麦、水稻、乳制品等农产品的时间越短，人们参与其他生产工作的时间就越多，可以生产出大量的物质或智力产品。也就是说，随着社会分工的发展，如现代社会第二和第三产业的迅速发展，农业劳动生产率的提升会带动其他产业的发展。

城市化是人类文明发展的重要标志，它是社会生产力发展和社会分工的产物。为了进一步促进城市化发展，农业要把提供满足农民个人需求的农业剩余产品作为首要要求。只有当农业发展到一定程度，才引发城市文明的出现。人类历史上，曾经有一段时间，既没有农业人口和非农业人口的区别，也没有城市的存在。但是当一部分农业人口向非农业人口转变，城市随即产生和发展。当前，农业人口已经实现大规模地向非农业人口转变，城市和城市人口实现快速增长仅仅是近一个世纪的事情，工业革命和工业化进程加快了城市化进程。一个国家只要进行现代化建设，必然会经历一个从农业人口向非农业人口、从乡村人口向城市人口转变的过程。

乡村地区实现工业的发展和人口区域转移也是不可避免的。一旦有专门知识和技能的工人出现在乡村地区，乡村地区的工作条件和工作方法将逐渐接近城市工业工作。

乡村中发展工业和农业技术的不断提高，要求劳动者接受更高水平的教育和专门的职业培训，以促进乡村文化教育和职业培训发展，逐步缩小城乡文化教育差距。

改变乡村社会中的职业结构，加强城乡联系与交流，提高乡村文化教育水平，将有效促进乡村居民精神文明建设，逐步克服落后的传统习惯、心态和小农意识，城乡居民的思想观念和价值观念将日趋紧密且接近。

乡村工业的发展将有效提高乡村的经济发展水平，增加乡村居民收入，改善乡村物质生活条件，使农业人口和非农业人口的生活条件联系更加紧密。随即，中小城镇经过建设和发展将成为区域性乡村经济文化中心。村民可以享受"城市文明"，这逐渐缩小了长期形成的乡村生活方式和城市生活方式之间的差距。

目前，我国乡村发展已经转移了数千万农业劳动者，主要表现在两个方面：第一是适应第一产业，从种植业向畜牧业、渔业、林业和水果业转移；第二是涉及从第一产业向第二产业和第三产业的过渡。未来，数亿工人将不得不从农业生产中转移，这引发了一个共同的问题——要科学提高农民素质，在全面提高的基础上培养一批技术和管理人才。

（二）第一产业向现代化过渡阶段

社会发展史表明，西方发达国家的农业是以资本主义的形式发展起来的，早已实现了从传统农业向现代工业的转换。这种情况正在改变大众视乡村地区为落后地区，以及农业是落后产业的传统观念。与之相反，现在大部分人认为农业也是发达产业。从全球农产品贸易的发展来看，大部分农产品主要来自发达国家。这是因为，农产品的竞争力是由农业研究水平、开发水平以及种植农产品的农民的文化水平决定的。这些高水平人员与农民合作时，其本身具有的知识、技术，与农民合作产生巨大合力，提升农业技术水平，以形成强大的竞争力。美国的农业人口比例很低，农业劳动生产率很高，这在很大程度上取决于农业生产者和经营者的素质，高素质的农业生产者和经营者可以有效地将现代农业科技转化为直接生产力。

值得注意的是，日本农业被认为是农业新革命的预备基地。近年来，日本农业在市场、土地、技术和人才使用方面发生了进一步的变化。生物工程、浇灌技术等领域的技术创新将推动新时代农业的技术发展。乡村技术创新将从不断提高农民的知识水平入手，农民在提升了知识水平与技术后，将向高收入迈进，农业用地规模将扩大，农业用地的使用效率也将提升。一旦这些变革得以实施，将发展到一个新的水平，日本农业将变得更具竞争力。《日本经济新闻》1988年3月版的文章称，21世纪将成为农业和乡村地区的时代，现在只是一个过渡时期，一场新的农业革命即将发生。市场机制已经被引入农业，农业将转变为知识密集型农业，成为一个吸引人目光的产业，转换为新的蓝海市场。可以想见，大批年轻人将涌向农业，21世纪是"农业复兴"的时代。

可以预见，未来农业将是一个极具魅力的新领域，并将成为知识密集度最高的发达产业。其主要内容涉及生物技术和微电子技术的应用，以及能源的开发和利用等。在那个时候，农业将成为"精准农业"，在精确科学分析的基础上种植农作物和管理畜牧业。目前，这一重大变革仍处于起步阶段，许多技术问题和实际应用问题仍待解决。当前科学家们都相信，未来国家的可耕种土地都将接近极限，未来的农业产量增长只能基于单位面积产量的增长和科学技术的进步。未来农业进步的关键在于通过尽可能减少资源消耗，使农牧产品产量翻倍。

中国乡村的历史性变革必然是一场农业技术革命。国内外科学家都曾就即将到来的亚洲农业革命引发讨论。西方科学家始终强调，亚洲不会走美国的农业发展道路。亚洲将进入一个以生物技术为依托，以水和阳光为能源，以各种电子设备和其他先进技术为基础的全新农业社会。中国著名科学家钱学森在谈到研究世界新形势和对策时指出，在发展方面，中国乡村的巨大变化是否会引发一场新的产业革命？又应该采取什么措施？如果中国农业生产成为一个知识密集、技术含量高、效率高的规模化农业，那么一个综合利用现代科学技术、因地制宜、广泛使用的新型农业体系将会形成。太阳能也将最大限度地被引入乡村地区的小集镇在那里进行大规模生产。农民大量聚集，但是只有一小部分劳动力直接用于农业，其中大部分都在农业加工中，因此将出现一场新的农业革命。

首先，人们要善于区分农业发展的长期目标和短期目标。人口的不断增长和耕地的逐渐减少导致中国人均耕地量过低，传统的栽培方法和农业技术难以改善这一问题。因此，必须在生物技术和其他科学技术方面取得重大突破。关于以科技进步为基础的中国特色农业现代化可能采取的模式，一些科技工作者提出了以下设想：加快对发展原材料经济至关重要的乡村生产技术改革，逐步建立以专业化、信息化为目标的高质量、高效率、低耗的技术密集型现代农业体系，适应社会化和商业化生产；改善农业生产的环境条件，合理利用自然资源和人力资源；鼓励农业、林业、畜牧业、第二产业、渔业和乡镇企业综合发展。

在我国农业基础薄弱、人口众多、技术落后的情况下，这种集约化农业是劳动、资金和技术等相关资源的有机结合。精耕细作、培植土壤肥力、提高单产、减少投资、实现低能耗、高效率，将现代农业科技与我国传统集约化栽培技术相结合，才能最终实现更高的土地生产率和劳动生产率。以丰富的农产品满足人民生活、工业发展和物质文化建设日益增长的需求，走的是有中国特色的农业现代化道路。

（三）乡村发展需要教育

中国拥有世界上最多的农民。8 亿农民生长在这片沃土上，他们积极实现自我发展、充分利用资源促进经济发展和参与科教文化活动的积极性是前所未有的，这对我国的繁荣富强起到的作用是不可估量的。

中国正在经历从自给自足和半自给自足经济向大商品经济的转变。大约在20 世纪 80 年代，这种深刻的变化开始于中国乡村地区，趋势是近 8 亿的农民参与商品经济，这标志着占世界人口大多数的中国农民现代化的总趋势。在这种趋势下，大量品种较多的农产品、农副产品和工业产品投入国内外市场，为提高竞争力，有必要提供高质量、高性价比的产品。经济水平的提升也将有力地刺激广大农民对科学文化知识的需求。因此，为满足这一需求，提高中国农民的文化素质是中国人民自身发展的需要，也是乡村科教文化发展的强大动力。

商品经济是一个历史范畴，它的出现标志着人类文明的进步。资本主义经济是商品经济最发达的形式。资产阶级在不到一百年的时间里在历史舞台上创造的生产力，比前几百年间人产生的能量更大，因为商品经济具有提高劳动生产力的社会功能的重要机制。

这一切都是基于中国农业经济在改革中找到了一条独特的道路，实现了国家、集体和个人利益的结合。从目前情况来看，在乡村地区蓬勃发展的经济形势下，一方面，大量农业管理者看到了发展乡村生产、提高经济效益以及解决"技术匮乏"问题的重要性和紧迫性，他们深切感受到引领教育、学习科学、开发智力、培养人才的重要性和必要性；另一方面，随着商品经济的发展和劳动生产率的提高，乡村居民的闲暇时间增加了，他们需要丰富的知识生活和充分的闲暇生活，开展各种形式的文化、娱乐和体育活动，迫切需要解决"文化饥饿"问题。这些都成为推动当前乡村物质文明和精神文明建设的直接因素。

中国乡村地域辽阔、复杂多样，经济文化条件极不平衡，这增加了促进乡村经济文化发展的复杂性和难度。

在各种经济和文化发展模式中，中国的畜牧业文化、农业文化和草原文化与工业生产水平相适应，在广大农牧区有着深厚的物质和社会基础。它们深深扎根于占中国人口80%的广大农民的心中。中国的畜牧业文化、农业文化对民族心理有着深刻的影响，这是其他文化无法比拟的。这种文化的特点主要是经验、直觉和可用性，这会自发地影响社会政策、经济和人们的心理、道德以及行为习惯、习俗和个性，所以在开展乡村教育时，这些因素都必须充分考虑到。从更广泛的角度来看，不同地域文化产生了一个非常复杂的综合体。各种地域文化反映了中国经济发展的不平衡——沿海与内陆、平原与丘陵、草原与山脉，形成了中国综合文化的多中心、多体系、多元化的结构特征。文化区域的教育与教育实践有着最直接的关系。教育系统与文化系统的重叠与共存体现了区域文化的特征。

乡村发展需要乡村教育，教育和培训构成了乡村发展的教育基础。它们不仅代表了乡村教育的基本方面，而且代表了个人教育的两个基本方面，它们相辅相成，相互丰富。一个村民的通识教育水平越高，就越有利于掌握职业培训的要求。良好的职业培训反过来可以促进通识教育的深化和发展。农业教育虽然不是一种独特的教育层次，但它是乡村教育的重要内容，贯穿于各级教育之中。

从宏观以及从宏观到微观上综合把握教育的整体性，是当前乡村教育发展的重要趋势。乡村教育本身是一个整体，同时也是教育这个整体中的一部分。乡村教育如何积极适应经济社会发展的需要，是通识教育在更高层次上的发展实践。关键是要把乡村教育视为不可分割的一部分，即一个整体。乡村教育统筹规划和协调发展"三教"（通识教育、职业培训和高等教育）。提高农业劳动者素质，培养各类人才，要依靠乡村教育中的"三教"进一步发展。

促进乡村新发展与新繁荣，必须告别原有的传统技术，摆脱原有农业知识技能的束缚，紧跟时代变迁的步伐，培养新时代农业所必需的新型人才，而培养这种人才的必要基础就是发展乡村教育。

二、乡村农民素质亟待提升

（一）乡村隐藏大量智力资源

什么是智力？智力通常被称为"智慧"，它指的是人们理解客观事物并利用知识解决实际问题的能力。人们用来生产有用的东西的体力和智力的总和可以称之为劳动能力或劳动力。

农业劳动力的教育水平反映了一个国家农业生产力的发展水平。劳动能力是智力和体力的总和。人类的工作总是带有一定的目的性。这种带有"目的性"的想法必须事先存在于人们的头脑中，仅仅依靠体力是没有用的，必须运用智慧。实际上，任何形式的体力劳动都必须与脑力劳动结合。智力往往会成为人们在劳动能力中的积极因素，这就转化成智力资源。想要获得这种智力资源必须经过一些教育和培训。

1.农业科学改造农业生产技术

中国农民一向以勤劳和智慧著称，因此古代农业取得了卓越的成就。中国传统的精耕细作农业技术，包括实施套种和多种栽培，被称为世界上最惊人的技术之一。中国许多地区的农民在混乱甚至恶劣的自然条件下，如气候、地形和土壤具有较大局限性，以及干旱、洪涝等自然灾害下，在农业生产方面仍取得了巨大进步。这与他们在长期生产中注重积累密不可分。他们充分利用自己的聪明才智，随时积累、学习并创造了大量的生产经验和技能。然而，这些经验水平的生产技术具有很大的局限性，没有形成现代科学形式的生产技能和经验，很难被传承和普及，所以无论农民中有多少聪明和智慧，都只能实现自我维持。中国最早吸收西方农业科技始于20世纪初的辛亥革命之后。然而，由于中国农业没有发生深刻的社会和经济变革，这种外来移植的技术体系无法在中国大地上大规模扎根。中国新农业科技成果只有与中国传统农业技术相结合，才能充分发挥潜力。

2.乡村智力资源提高劳动生产率

我国农业生产率（包括土地生产率和劳动生产率）和乡村智力资源的开发水平较低，这与乡村人口的文化素质有关。人民的文化水平和教育水平反映了一个国家的文化素质水平，也反映了一个国家的社会和经济发展水平。我国成立国初期人民文盲率高，文化素质低，从农业人口的智力构成来看，掌握现代科学技术的农业科研技术人员很少。这与农业现代化的要求极为矛盾，也不符合农业技术发展的要求。

中国的农业发展战略是以农业稳定发展为基础的，农业现代化是向智能化方向发展的。这样，智力资源的开发往往具有社会经济动机，智力水平的差异将产生不同的社会经济影响。当然，不同地区和个人的物质利益和经济利益也会有所不同。也就是说，农民的文化素质、受教育程度与财富累积的速度密切相关。

（二）农业人口智力结构影响农业现代化

乡村的智力开发的最佳目标必须适应农业人口智力结构与农业现代化的关系。

农业人口智力结构是指各类农业劳动力在农业人口中的比例或它们之间的比例关系。这个比例会随着农业生产力的发展而变化，不由人们的主观愿望决定。农业人口智力结构的改善是农业现代化的必然要求。中国农业人口知识结构的现状可分为三个层次。其中，中级以上学历占农业人口比例不足30%，高级以上学历占比更低，但这两个层次的农业人口却是中国现代农业发展的中坚力量和主力军。受过初等教育的农民组成的中等收入者，约占农业人口的40%，他们主要掌握和采用传统农业技术，只能勉强接受现代农业技术。农业人口中几乎没接受过教育，或者只接受过扫盲教育的人口所占比例也达到30%。

因此，要适应中国现代化的要求，必须不断改善农业人口的知识结构，根本途径是提高农业人口的文化教育水平，培养一大批高素质的管理者和农业科技人员。

根据我国的历史、经济和社会发展目标，现代农业必须和农业人口知识结构相适应。在农业现代化进程中，农业人口的知识结构也分为三个层次。

第一，结构中的高级层次。结构中的高级层次的农业人口要求以高中文化水平为起点，其中主要包括乡村中等职业人员以及其他技术人才，以促进农业科研成果的推广和科学技术向生产力的转化。

第二，结构中的中级层次。结构中的中级层次的农业人口要求达到初中文化水平。从近几年我国一些地方的实践看，这个要求早已达到。

第三，结构中的低层次。农业现代化要求从事农业工作的人口的知识结构中较低的层次应该达到初中毕业程度。

随着现代农业的发展，受教育水平为初中及以下的农业人口的比例也将逐渐减小。结构中的低级层次的农业人口仅占20%左右；结构中的中级层次的农业人口应具有高中或中等职业学校毕业的学历，这部分农业人口是现代农业生产的支柱；对于结构中的高级层次的农业人口来说，他们必须具有大学学历或更高的学历水平，其份额必须在 5% 以上。但高级农业科技研究人才、农业科技推广人才和管理人才的培养周期较长，预计大约需要 16 年。

自 20 世纪 70 年代后期以来，世界新技术革命已经蔓延到各个领域，尤其是生物技术革命，它对现代农业产生了重大影响。其中，细胞技术（即过去的细胞融合技术）开启了"绿色革命"的新篇章，它可以克服不同种属的生物体无法通过传统育种方法进行杂交的障碍。一些基因和育种专家正在研究耐寒、耐旱和耐盐碱的品种。这项基因工程新技术如果能在中国得到应用，将在中国农牧业的发展，即节能、节水、节土、改善环境方面发挥重要作用。迎接这场新技术革命的挑战，最根本的措施是尽快改善农业人口的知识结构，提高农业人口的科技文化水平。

（三）提升全体乡村村民素质

毫无疑问，农业现代化突出了发展乡村智能的重要性和紧迫性。亿万农民在市场经济大环境下，一方面，作为先进生产力的承担者，劳动的智能化、科学化是乡村物质文明建设的客观需要；另一方面，作为一种新型社会关系的主体，他们必须全面提高自身素质，即不仅要学习科学、发展智力，还要培养文化、政治、伦理和新的精神面貌。这也是乡村精神文明建设的客观需要。

一般而言，人的个体素质应包括先天素质、生理素质、道德素质、政治文化素质，它是个人体质、个性、气质、能力、知识等多种因素的综合。从根本上说，提高全体农民的素质，意味着中国全体农民的素质要符合现代化的要求，这与乡村现代化进程密不可分。社会学家指出，工厂是促进成人现代化的学校，人们在工厂中工作的时间越长，现代化程度越高。但工厂不一定位于城市，有社会学测试表明，城市工人和乡村工人一样可以实现现代化。

在我国乡村地域广阔的社会条件下，除了大力发展城市工业外，还应改革乡村的产业结构，大力发展区、乡、市主导产业和农工商合营企业，努力做到采用现代新技术手段发展乡村工业。农业工业化是促进人类现代化，特别是促进几亿农民实现现代化最重要的战略决策。

提高全体农民素质的过程就是摆脱惰性文化的过程，克服文化惯性的过程就是按照传统逐步建立新的文化意识的过程。这一过程不是短期的，需要几代人的努力，并在长期的历史发展过程中逐步积累。全体农民的素质及其对乡村社会活动的深远影响反映在乡村社会生活的各个方面。一个国家的乡村进步不仅取决于乡村地区的经济发展水平，还取决于全体农民的素质。乡村的快速发展不仅体现在生产力的发展和经济的进步上，也体现在全体农民政治思想、文化观念的提高上，这是乡村教育的长远目标和基础性工作。

由此可见，要充分发挥乡村教育的功能，不仅要从发展的角度审视乡村教育与乡村经济发展的关系，同时要从提高全体农民素质的角度审视乡村教育与乡村文化发展之间的关系。这样，我们就可以理解为什么乡村教育必须在物质文明建设和精神文明建设相结合中发展。

中国的乡村文化是一种长期积淀在人们的制度、习俗和观念中的文化，它是由一定的生产力水平、社会经济政治结构、历史传统、思想体系等因素决定的。总的来说，中国传统文化不符合现代发展的要求，需要改造。发展商品经济的现代文化观念对中国乡村的古代文化观念产生了强烈的影响，有力地推动了乡村社会主义精神文明建设。比如权力崇拜等封建狭隘的生产观念得到了净化，社会主义民主法治、实事求是、社会主义作风日益深刻。人们的横向联系在不断演变、开拓，他们的视野空前广阔，追求科技知识已成为一种普遍做法。要讲求实效，突出实效，尊重客观规律，重视效率，大力提高社会主义竞争观念和竞争意识。总的来说，广大乡村居民对现代化、社会化、社会主义有了更加务实、科学的认识，这是一件大事。

乡村教育是传播先进文化的工具。只有研究乡村文化的地域特征，特别是传统习俗和文化对人们精神态度的影响，才能更有效地提高全体农民的素质。

第二节　乡村高等教育新尝试

一、乡村高等教育自学考试招生

中国乡村振兴战略能否全面成功、能否顺利实践，关键在于乡村能否顺利脱贫、能否顺利走向高水平发展之路。乡村振兴繁荣的根本出路是以科技和智力为手段，以科技力量脱贫，以人力资源开发帮扶乡村人口，精准提高乡村人口的素质，改善乡村人口的生产条件和生产能力。

目前，我国乡村人力资源的现状是人口众多，剩余大量劳动力，劳动力文化素质低，科技水平不高，经营管理质量亟待提升。鉴于现代农业和参与国际竞争的新趋势，迫切需要通过改造农民来改造乡村和农业。提高农民文化素质和科技水平有赖于乡村高等教育的普及。因此，我国正在研究推动各种形式的乡村高等教育大众化。鉴于乡村高等教育当前发展仍然处于较低水平，有待于进一步推进，所以出于现实层面考虑，当前将自学考试推广到乡村是普及乡村高等教育的有效途径之一。

（一）高等教育自学考试面向乡村的必然性

目前，乡村教育的重点是在基础教育的普及上，不断推进高等教育大众化。由于九年义务教育早已落实普及，所以为实现乡村人口文化素质的可持续发展，进一步加快乡村和农业发展的步伐，乡村人口的学历教育和技能培训已被提上议事日程，成为乡村振兴发展的强烈需求。在知识经济时代，乡村人口的发展出路不仅要依靠一双手和某个工具，更要依靠科学技术武装头脑。由于乡村人口分散，乡村的学习条件远不如城市，乡村高等教育资源匮乏，所以乡村人口接受高等教育和培训的机会很少。

自 1981 年以来，全国高等教育自学考试在一定程度上满足了乡村人口对高等教育的需求。自 20 世纪 90 年代自学考试开始转向乡村以来，乡村人口以强劲的动力接受和参加自学考试，成为自学考试中考生的主要来源。这种自学考试的高等教育形式已落户乡村，促进了千军万马跨越被称为全国唯一一座独木桥的高考，减轻了国家负担，顺应了高等教育大众化的形势。在过去的 20 年里，自学考试把新知识、有技能的农民一批一批地带到了乡村，这对改变传统的生产方式和乡村生活方式起到了积极作用。

建设高水平发展的乡村的过程中，乡村人口的素质提升对于实现新乡村的繁荣发展至关重要。乡村高等教育的发展符合这一社会发展的要求，乡村高等教育自学考试是最适合乡村发展实际需要的乡村高等教育形式之一。对于无法上全日制学校和大学、想要独立并提高自身素质的广大乡村人口来说，这是一种最为便捷的方式。自学考试学习形式灵活、专业框架多样、收费低廉、管理规范、社会声誉好、教育形式多样、层次明确，乡村居民可以根据自己的实际学习能力和时间选择学习，这使得乡村适龄受教育者可以更好地学习，接受高等教育。在知识经济时代，提高乡村人口的整体素质是我国全面实现乡村振兴的关键。因此，大力发展乡村高等教育自学考试，将激励乡村人口提高自身素质，摆脱愚昧落后，走向文明富裕。

高等教育大众化是我国高等教育发展的必然趋势，其难点在于乡村高等教育大众化的普及路径尚不明确。乡村高等教育自学考试的推出或许是一个新的解决思路，并将对我国高等教育大众化产生重要而深远的影响。除了普通高等教育，自学考试已经成为中国高等教育的有机组成部分，尤其是在中国广大乡村地区，在受到诸多现实因素限制的情况下，它的优势是普通高等教育无法取代的。各级政府从"科教兴国"的战略高度，制定了促进乡村自学考试发展、实现城乡"两手抓"和发挥知识传播作用的具体战略。2002年初，通过自学考试的乡村考生人数超过城市，浙江省乡村考生人数占总考生人数68%，江苏省乡村考生人数占总考生人数也超过50%。从乡村考生占比逐渐超越城市考生的趋势可知，自学考试已成为乡村人民接受高等教育的有效途径。

（二）当前乡村高等教育自学考试存在的问题

自学考试早已成为中国最大的开放式高等教育形式。虽然当前大力开展乡村自学考试，但由于自学考试的专业环境、课程设置和考核方式都是面向城市的专业需求，侧重于记忆知识，因此很难考虑所学知识的实用性和知识的应用性。这种类型的乡村自学考试尚未与乡村农业联系，这在很大程度上限制了考生在农业方面的潜能的发挥，也使得乡村地区的自学考试难以进一步发展。如何提高乡村考生的教育水平和农业技能，增强乡村考生通过乡村自学考试更有力地改善乡村农业的能力和信心，是当今高等教育自学考试的主题。

高等教育自学考试在面向乡村的过程中，其主要问题有以下几方面，如图5-2所示。

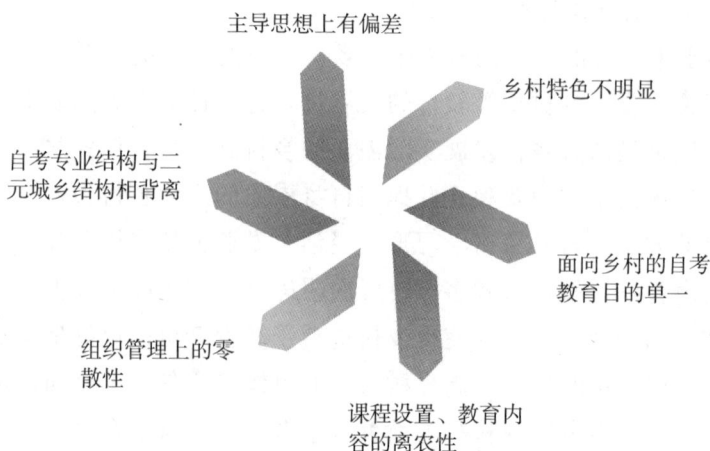

图5-2　高等教育自学考试在面向乡村过程中面临的问题

1.主导思想上有偏差

城市和乡村的自学考试要求所有人参加统一的考试，但是往往乡村考生在获取书本知识的同时，仍然不具备乡村所需的知识和技能，尤其是与区域乡村的传统和资源优势相关的专业技能。

2.乡村特色不明显

乡村自学考试要注重农业专业技能和专业素质的培养，注重专业技术应用技能和学习创新能力的培养，但是目前考试内容中乡村特点不突出。

3.面向乡村的自考教育目的单一

乡村自学考试很少与乡村的现实生活联系在一起，而是关注城市需求点，不是谋求惠及乡村人民的教育。事实证明，乡村地区的自学考试仍存在不符合乡村发展的目的的问题。

4.课程设置、教育内容的离农性

统一考核标准面向不同的学校，是中国城乡教育以及自学考试中的常见问题。最终的结果是，学生没有就业机会，也没有致富的机会，这不利于乡村建设。目前，高校的学科设置、课程设置、教学内容遵循传统高校相关学科领域的相同课程设计原则，多数课程与教学内容强调理论性，没有反映出乡村的特点。

5.组织管理上的零散性

往往参加自学考试的学生，一开始充斥着高度热情和激情，考试的机动性也让许多乡村考生非常高兴，因为可以自主安排学习时间。但是，由于学习教辅材料较少和考试难度大等原因，许多学生会半途而废，最终学生的毕业率只有十分之一。

6.自考专业结构与二元城乡结构相背离

一直以来的自学考试在做到了标准化、规范化的同时，难以避免地失去了多样化和灵活性。

二、高等教育自学考试改革策略

自学考试在乡村仍面临诸多问题，这引起了相关机构的高度重视。1999年，江苏省率先建立了乡村自考试验区，主动开设适合乡村的专业。自此以后，各省市的自学考试模式、指导思想、要求、内容和考核方法都发生了变化。当前，自学考试应充分利用自身的教育模式，通过改变当前乡村自学考试存在的课程内容、学科设置、考核方式等方面的问题，改善原有的层级结构等，改变原有的自学考试并不能完全适应乡村社会发展的局面，促进乡村高等教育自学考试的健康发展。

（一）做好自考专业调整与建设

根据终身教育的要求，自考专业设置应注重满足社会对提高专业技能的需求，注重培养应用学科和应用技术人才。同时，根据社会需要，选择一些有助于提高乡村人口科学文化素质和生活质量的专业。农业和乡村产业结构以及乡村经济发展的需要，体现了农业专业考试的适宜性。

开设自学考试还应考虑到乡镇企业和城镇化的发展，以及农民在城市工作和经商的不同需求。自学考试旨在加强与部门和行业的合作，积极开展社会急需、符合行业特点的学术和非学术专业证书的考试。例如，河北省的自学考试实现了与产业、工农业生产学校、国家开放大学普通高等院校的"三通"。同样江苏也建立了毕业证书、专业证书、职业资格证书等多种证书制度，在江苏省自学考试实验区进行了相关实验。

（二）教材编排要考虑乡村性和实用性

自2002年以来，国家自学考试一直按照新的专业考试计划进行，编写并且发行有利于考生学习的课程教材和考试大纲，提高统考课程的命题标准，它不仅注重对知识的考查，还突出了理论与实践相结合的问题。

由于地区差异，经济文化结构、乡村习俗和不同省份人民的生活条件不同，所以课程应反映内容要求，因地制宜地调整课程结构和内容，在理论充分的基础上强调实践技能的培养；构建专业课程体系，突破学科课程和教材体系，把技术人员、工程师和专业教师放在前列，共同设计新的课程和教材。

例如，浙江省采用课程学习包的形式，提高考生的便捷度，改变自学考试标准偏高的局面，科学合理地把握课程资格标准，加强对课程内容地方性的挖掘和评价，增强教育内容的兼容性和开放性；积极实施职业培训计划，加快发展各类非学历证书培训，调整课程体系，及时更新课程内容，认识自学考试制度的兼容性、形式开放与内容开放的统一性；在教材建设和使用上，改变一门备考课、一考试大纲、一本考试用书的现状，实现一门备考课、一考试大纲、多本考试用书的目标，使用音频、视频等媒体材料，采用多种远程设备，达到互动效果。自学考试课程内容改革的重点是课程内容自学媒体的建设，做好教学媒体的出版和提供。

对于每年成千上万参加考试的开放教育考生来说，教育者与受教育者不是或更少通过口头面对面交流，而是以某种方式体现教育者的经验，使教学过程社会化。课程、教材、自学书籍甚至实验都可以被视为教育者的物化。教育者精心准备课程、教材和教学媒体，为考生提供一系列可读性强、适用性强、学习效率明显的学习材料。

（三）命题上重视应用和理论的融合

上述学习形式是理论与应用融合的有力证明。重视学术教育是大多数人在自我检查早期阶段的目标。在乡村地区，学历不能像在城市一样作为评估和就业的必要条件。乡村人把获得实用技能作为一种价值取向，文凭是次要的。对于乡村实际建设来说，人们希望培养受教育者可用于当地发展的专业技能，但目前的自学考试提案很难满足需求。因此，当前应该在命题思想、考试内容、计分制度、主观阅卷、命题团队建设和实验实践测试等方面改进工作，改变命题化现象，探索适合乡村需要的开放模式，做好农业专业的开设工作。

（四）考核方式上要有弹性

根据学习内容的特点和要求，考试方式可以采取多种形式，如闭卷、开卷、实践考试和口试相结合的考试形式。自学考试可以实行教考分离，自学考试系统负责提案、审核和最终审批，大学和学院负责入学、学习建议和实践考试。如果想要命题既能兼顾教材的教学，又能注重应用，那么就必须对评价方式进行一些调整：学生的水平不是由单张试卷来决定的，这要求考试必须留有一定的灵活性。各专业应考虑在考试科目设置和要求方面采取更加科学的考核标准，自学考试科学的考核方式标准应当如下图所示（图5-3）。

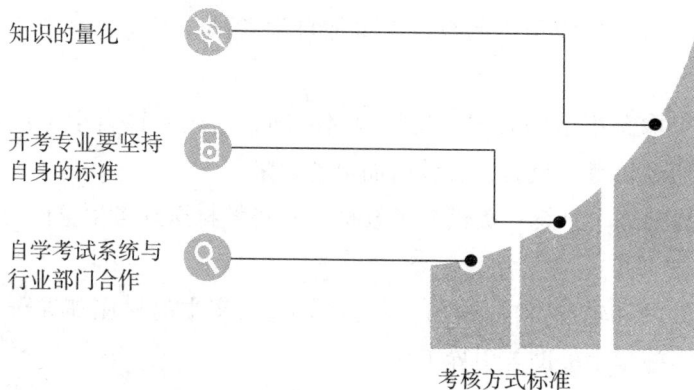

知识的量化

开考专业要坚持自身的标准

自学考试系统与行业部门合作

考核方式标准

图5-3　考核方式标准

1.知识的量化

知识的量化考核，确定考生知识储备量是考试重要的考核内容，考核方式必须实现将无形的知识转化为可以衡量的考核内容，它是一个非常重要的标准。

2.开考专业要坚持自身的标准

专业的开设要符合学校和乡村的标准，其评分标准不应因其适用性降低，以确保学历证书和非学历证书的含金量。

3.自学考试系统与行业部门合作

自学考试制度配合行业部门改变统一考试模式，根据经济发展进程、职业类型和层级结构的变化，设置适合部门和行业需要的岗位专业证书和资格证书。

自学考试主管部门组织的自学考试形式，使自学考试制度与社会行业的联系更加紧密，培养出来的人才具有更强的社会适应性。

（五）组织管理的服务性

浙江省、江苏省等地区的乡村自考生比例达到 65% 以上，这些地区专门建立了乡村自考联络点，在组织管理上为乡村自考生服务。例如，在一些自考生较多的乡村，设立了专门的自学考试联络站、自学考试自习室和自学考试帮助中心等机构，为自学学生提供信息、材料、考试和其他服务。自学考试的地方组织和管理机构承担着学生咨询、服务和技术培训的任务，使自学学生的学习和应用相结合有一个基本的实施点。在一些乡村地区，高等教育以自学考试的形式提供真正全面的服务，使更多的乡村人能够享受高等教育。

湖南省加强了乡村自学考试基础设施和队伍建设。湖南省依托一些乡村教育机构，建立了乡镇自考工作场所，从县到乡，建立了农民文化技术学校和自考学生基地。为了组织更多的乡村人参加自学考试，湖南省自学考试制度实施了三项改革：

首先，采取预报名的方式，延长报名时间，通过乡镇自学考试场所实现上门报名，方便乡村考生报名，有效增加申请数量。

其次，提前五个月统一提供自考教材，并将教材送到考生家门口，确保"学者有书"。

最后，教师和辅导员前往乡村或前往候选人集中的村庄辅导班，消除考生疑惑，积极实施学生援助与引导工作。

（六）培养模式的多样性

乡村自学考试要打破传统的人才培养模式，突出对实践技能的培养和考核，推出一系列适合乡村经济社会发展需要的应用型专业证书。自学考试通过改革专业和课程设置、命题方法、评价方法等，满足了乡村人才的多样化需求。该课程应根据专业群体的特点和需求，切合农业实际；在对基础理论和知识进行考查的基础上，考试大纲应注重适用性；根据课程内容的特点和要求，考试方式包括纸质考试（开卷、闭卷、论文）和无纸化考试（口试、实践环节、多媒体）；根据公众对文化和学术课程、职业技术和技能课程、农业课程、丰富生活和保持气质的课程的需求，形成一个"教育超市"，学习者可以任意选择，将专业管理与课程技术模块管理相结合，打造专业证书考试、职业资格考试、农业绿色证书考试的"立交桥"。

同时，乡村自学考试工作要与乡村城镇化、就业、农业产业结构调整等乡村经济社会发展的需要相结合，将乡村自学考试工作与乡村综合改革结合起来，推出一套适合乡村经济社会发展的多元化培训模式。当乡村自学之路铺就，为广大乡村人群提供了接受高等教育的机会时，我们能深切感受到为一个国家培养人才的重要性。"三农"的发展和繁荣越来越依赖受过教育的乡村人群。

三、创办乡村社区发展学院

与大多数国家一样，中国的高等教育来自政治、经济和文化水平相对较高的城市地区。近年来，随着高等教育大众化、社会化、民主化呼声的日益高涨，在城市经济不断增长的基础上，城市高等教育的发展逐渐成为一种风气。另一方面，必须看到，人口数占国家人口近80%的广袤的乡村地区，改革开放十年来发生了惊人的变化，经济发达的地区和城市不断增加。然而乡村基础教育、乡村职业培训和成人教育发展水平不足，教育体制和自学考试的形式不能满足乡村社会对教育和人才的强烈需求，高层次人才的培养几乎是一片空白。因此，高等教育必须走向乡村社会，这是进一步增强高等教育服务功能、实现科教兴国宏伟目标的必由之路。

鉴于社区学院的特殊作用和我国乡村地区的现状，笔者认为，建立社区发展学院不仅是我国高校寻找新增长点的正确选择，也是改变乡村相对落后的面貌切实可行的有益举措。

（一）创办乡村社区发展学院是当前乡村发展的必然之举

乡村社区发展学院具有其他形式的学院或者教育机构不具备的独特优势，如下图所示（图5-4）。

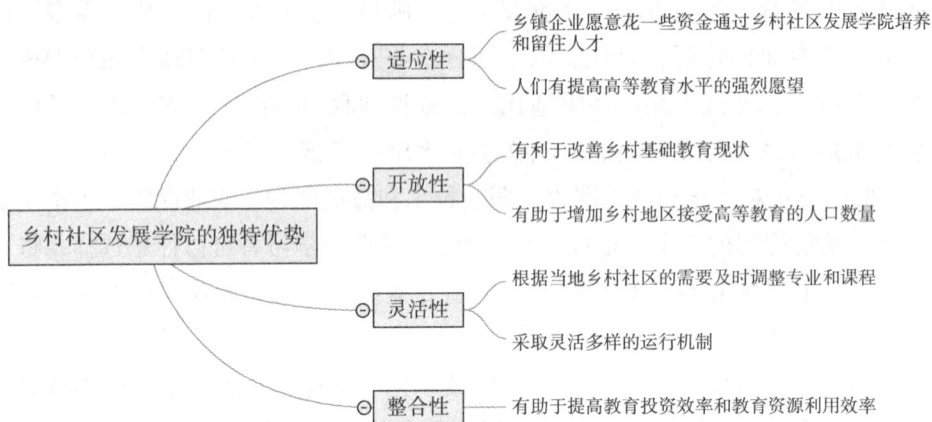

图 5-4　乡村社区发展学院的独特优势

1.乡村社区发展学院的适应性

首先，今天的乡村经济打破了单一发展的格局，伴随着乡镇企业遍地开花，出现了宏观经济实力较强的发达地区和城市。由此产生的对中高级人才的需求迫在眉睫。乡镇企业需要一大批懂管理、懂技术、能工作的专业人才。人才的缺乏极大地阻碍了乡镇企业的发展、规模的扩大和效率的提升，而建立一所乡村社区发展学院能很快改变这种状况。乡村社区发展学院可以直接为企业提供高素质的技术人才，通过在职培训显著提高员工的整体素质，也可以直接参与企业的改革和发展进程。借鉴美国创建社区发展学院的经验，中国创建乡村社区发展学院只需要少量的启动资金。为了谋求自身的发展，乡镇企业愿意花一些资金通过乡村社区发展学院培养和留住人才，这已经成为该机构成立的坚实物质基础。

其次，中国经济发达地区和城市的高中普及率接近甚至超过80%，表明对高等教育的需求很大，但由于某些因素高等教育无法全面普及。这些因素包括政治偏见的客观原因，长期以来"重城市、轻农业"意识的主观原因以及各种可能性，如贫困学生因为负担不起课程费用而辍学。这种矛盾反映出，在乡村地区，至少在发达的乡村地区和城市，人们有提高高等教育水平的强烈愿望。

由于乡村社区发展学院设在本地、年限短、专业对口并且是一个专业学院机构，因此它可以同时避免城市普通学生的高学习成本和乡村地区就业困难的问题。充足的乡村学生和一些有益的特点将使乡村社区发展学院能够扎根、发展和服务于国家。

2.乡村社区发展学院的开放性

乡村社区发展学院的基本特征是开性放和免费性。基于我国乡村经济和乡村教育的现状来说，这样的办学模式对于生源的保证与学院长期发展延续可以起到一定的促进作用。

（1）有利于改善乡村基础教育现状

长时间以来，乡村的基础教育始终被"走出农门"的观念所影响，同时也受到了一些考试制度的制约。存在以高考为中心，片面的开展教育活动、只注重升学率的应试教育的情况。对于部分乡村学子来说，进入高等院校的绝望使部分学生早退和无心学习，会导致更多的文盲和半文盲停留在乡村地区。乡村社区发展学院建立了一个宽松的学习体系，让学业前景良好的学生也能去上大学，这种方式可以使基础教育的压力得到有效减轻。

（2）有助于增加乡村地区接受高等教育的人口数量

中国是一个发展中国家，人口压力大，经济仍需进一步发展，科学技术相对落后。政府无法在不久的将来投资很多高校以缩小差距。成立乡村社区发展学院，可以使广大乡村群众拥有更多接受高等教育的机会，这至少可以部分改善这种状况，促进高等教育更好地实现社会化、普及化以及民主化。

3.乡村社区发展学院的灵活性

乡村社区发展学院要采用比较灵活的运行机制，根据当地社区的实际需求对专业及课程内容进行及时且合理地调整。通过对教育和社会关系进行分析可以发现，教育存在相对的独立性。要想使乡村教育和社会真正实现融合，必须把乡村教育的社会化和乡村教育的社会化统一起来。接受教育是个人的一种选择，而不是外部力量或特权的强迫。乡村教育的现实情况为社区以及实用大学，也就是乡村社区学院的发展提供了契机。乡村社区发展学院与其他高校最大的不同之处，即乡村社区发展学院最大的特色就是它立足社区、服务社区。在教学过程中，这体现在对社区和学生具体情况的适应上。

首先，从教育目标来看，是能够进行分层教育的，也就是说，如果学生的成绩合格，就可以根据制度进入四年制大学，进入相应的年级里。而对于一些高考成绩不佳又有学习需求的学生来说，也可以通过职业培训使其能够实现顺利就业的想法。通识教育旨在提高乡村社区的整体文化素质，满足乡村社区普通居民多样化的物质和文化需求。

其次，从专业课程的角度来看，要注重实用性和流动性。总之，乡村社区发展学院可以充分利用学校规模小、专业课程设置较少的优势，使其易于适应学习和改变课程设置，满足乡村经济和乡村教育发展阶段的需要。

4.乡村社区发展学院的整合性

乡村社区发展学院的教育服务可以通过各种形式去实现，发挥乡村教育统筹中心的主导作用，加快乡村社区精神文明的建设步伐。整合性指的是乡村社区发展学院向全体学生提供高等教育和技术教育、转岗培训和短期培训、文化辅导、进修等教育服务。

这种综合性且多功能的特色可以使乡村社区发展学院的职业培训和成人教育等多种教育服务形式协调发展，有助于教育投资以及教育资源利用效率的提高，从而改变没有特色的缺陷。目前的成人职业培训体系和自学考试形式没有地位，脱离实际，不适应发展需要。整合性意味着乡村社区发展学院不但能够教学生知识和技术，而且还能作为社区文化艺术发展中心。为学习者提供学习知识、信息交流、医疗保健等服务，使人民群众可以在这样舒适、健康的平台里丰富自身的文化知识，获得良好的娱乐方式。同时还能使社区居民团结有爱，促进邻里关系，从而形成好的社会风气，这对于社区精神文明建设大有助益。

在乡村地区，这种文化反映在其自身的人力和物力资源中，这是非营利服务的生命力。乡村社区发展学院为教育提供了鲜明的人文色彩，大量学科的开发可以使学生的智慧与潜力被充分挖掘出来，也能使学生意识到自身的一些长处和优势，从而获得更多的发展机会，这样才能更好地立足社会，在千变万化的工作环境中立于不败之地，适应经济快速发展的需要对于乡村的一些发达地区，技术工人短缺，经济快速发展，迫切需要这样的学校和教育。这也有助于提高全体村民的整体文化素质。

总之，从以上几点来看，乡村社区发展学院的建立与我国如今乡村的经济社会发展现状是相适应的。该学员的独特功能和属性对于乡村社区的发展具有非常重要的意义，对于乡村文明建设具有很好地促进作用，从而打开乡村教育发展的新局面。

（二）创办乡村社区发展学院的建议

乡村社区发展学院的建立属于我国的一项发展工作，经验少，难度大目前处于发展的初始阶段，缺乏相关经验以及具体可操作的方法，因此发展起来具有一定的难度。为了避免因疏忽造成资源浪费的情况，必须以科学、谨慎的态度对待这件事。笔者对国外的一些社区学校建设进行了经验上的总结，在此基础上对我国乡村社区发展学院的建设讲讲自己的看法，具体如下图所示（图5-5）。

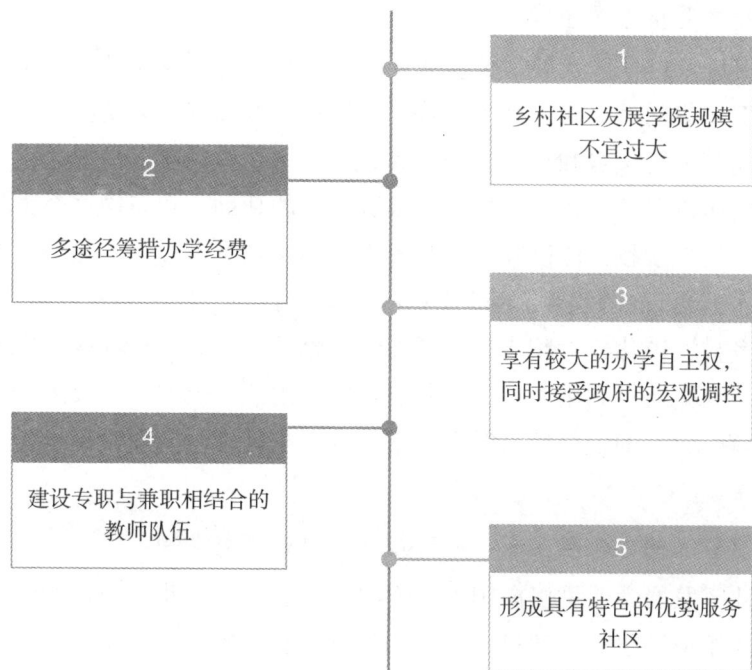

图 5-5　乡村社区发展学院的建设建议

1.乡村社区发展学院规模不宜过大

第一，乡村社区发展学院建设虽然没有进行很大的投入，但依然需要经费提供资金上的帮助，所以，学院建设选址应选在乡村社区的经济、政治、文化中心。

第二，乡村社区在经济、政治以及产业结构上存在着一定的差异，为了及时适应环境，应充分考虑灵活性的特点，更好地满足社区的需求、目标和趋势，为社区服务，这就是所谓的"船小好掉头"。

第三，我们不能照抄西方社区学院模式，实施完全开放和自由的美国社区学院模式。第二次世界大战后，美国的社区学院将招生的标准进行了下调，这使得很多入学的学生在基础知识方面都是比较欠缺的，这就为以后的正常教学带来了一些阻碍。于是，美国便设立了文化课程治疗班，为基础知识欠缺的学生进行"补课"。我国乡村地区的文盲和半文盲数量较多、素质有待提升，建议在乡村社区发展学院的框架内建立补偿教育机构。如果这些人具备基本的文化和科学知识，他们可以进入乡村社区发展学院学习，以确保教育教学质量。

2.多途径筹措办学经费

要想促进乡村社区发展学院快速发展，不是不能依赖于政府资金办学。对于教育经费筹集问题，我国很多的普通高校都具有多元化筹资办学经验，因此我们可以向其进行学习和经验上的借鉴，从我国乡村的实际情况入手，向乡镇企业、民间团体以及广大人民群众寻求资金上的帮助。在美国这个由移民组成的国家里，很多宗教团体以及居民对于教育办学都有着极大的热情。办学部门通过各种方式可以比较容易地解决社区大学的教师、校舍、教育设施等问题。如今我国乡村城镇化建设脚步在不断加快，流动人口为乡村社区的发展提供了重要力量。怎样通过利用乡村社区发展学院年限短、收费低、效果快等优势使人民对该学院建设的积极性被激发出来，从而积极为学院建设提供赞助，还需要进一步探索。

3.享有较大的办学自主权，同时接受政府的宏观调控

乡村社区发展学院可以向国内外学习相关经验，召集行政、企业、农业等领域的人才组成董事会，通过董事会的运作，实行校长全责制。学院办学要有灵活性，根据当地经济社会发展需求，对招生范围进行及时的调整和确定，要与专业环境相适应，聘任优秀的任课教师，真正实现自主办学。

中国乡村地方政府也应成为乡村社区发展学院的直接管理者，要制定相关的法律法规和政策制度，加强监督，以确保学院的办学水平。除此之外，政府的相关部门还要重视学院和更高层次的高等教育进行练习，这样一来，便可以对转移教育提供相应的保障，使学生继续教育的需求能够得到满足。

4.建设专职与兼职相结合的教师队伍

由于大多数面向乡村的乡村社区发展学院都带有高等职业教育的属性，所以，在乡村地区想要找到合适的高素质教师是比较困难的，对于乡村社区发展

学院来说，师资队伍建设是一个很大的难题。全日制与非全日制相结合可以部分解决这一问题，要着意聘请专家、科技人才和技术人才、企业家、管理人员以及社会各界有经验的专业人士师资团队，通过全职和兼职教学的结合，强调教学效果的实际应用。

5.形成具有特色的优势服务社区

在社会主义市场经济体制下，高等教育面向的是全社会，要参与到社会市场竞争中去。所以，乡村社区发展学院要注重提升自身的教育服务效率，要有自己的特色和优势，形成一个以乡村社区为轴心，以乡村社区发展学院为核心的教育、科技、经济综合体，这样才能立足于社会。学院的主要职能是为乡村社区的发展培养人才，同时提供知识和娱乐服务，还应该在现有社区政治、经济以及文化特点的前提下，发展社区的特色，使社区服务功能得到充分地发挥，为当地经济、社会的发展与进步作出自己的贡献。

四、乡村社区发展学院办学新模式

以"基于乡村、扎根乡村、为了乡村"作为办学方向，培养现代乡村的新型人才，这是乡村社区发展学院办学的基础。解决"无知"和"贫困"则是学院终极的办学目标。长期以来，应试教育对于我国的乡村教育尤其是乡村的基础教育的影响非常深远，因此在我国的乡村教育中会时常出现为了提高升学率而进行教育的情况。

乡村职业教育和成人教育受学校教育模式的影响。学生接受教育是为了获得学校教育的技术和学位或职业证书，没有意识到教育的实际影响是他们应有的追求。因此，乡村教育未能成功地与乡村地区的经济和社会发展建立良好的互动关系。乡村各种形式的职业培训尚未形成体系，也没有为乡村产业结构的适应和经济变化提供有效支持。虽然中国在"三教"结合和已有多年研究的成人教育、职业培训和通识教育总体规划方面有具有一定的经验，不过因为没有有效且完善的组织与制度作保障，没能形成好的发展机制，从而使得乡村高等教育始终处于发展困境中无法走出来。乡村人力资源丰富，但是适合乡村发展的高、中级人才严重短缺，乡村经济社会发

展更加困难。乡村社区发展学院办学模式如下图所示（图5-6）。

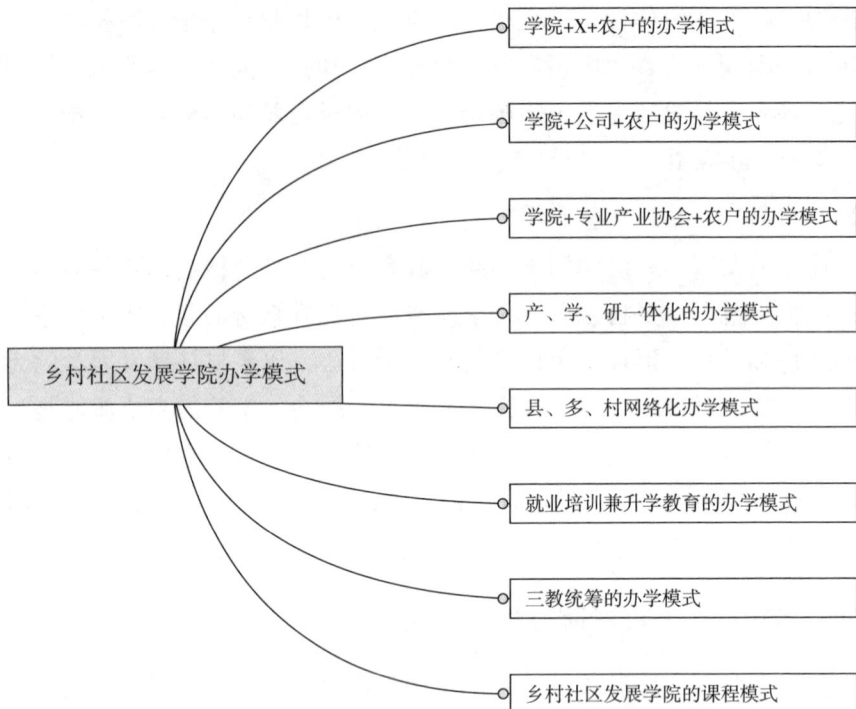

图 5-6　乡村社区发展学院办学模式

（一）学院＋Ｘ＋农户的办学模式

乡村社区发展学院应实施培训、推广为一体的办学模式。建设合理的工业基地，以适应当地经济发展水平和效率，这对于乡村社区发展学院提供的乡村现代化服务来说属于非常关键的要素。以产业基地作为媒介，对乡村社区发展学院师资、技术等方面的优势进行充分利用，将试验、培训、示范、推广结合起来，帮助农民群众逐步改善和提升。

（二）学院＋公司＋农户的办学模式

要以企业为纽带，推进乡村现代化建设。根据市场经济规律，新型的工业化办学模式成为了现代化人才建设的后盾，它将学校作为主体，将农民群众作为教育对象，以公司为单位，通过合同组织数千户家庭的莘莘学子，鼓励农民发展自我，投身家乡建设。通过这样的办学模式，公司慢慢成为了学校与农民群众之间的枢纽。根据市场的实际需求，公司进行组织生产及销售，学院为生产提供技术上的支持，并组织相关的培训实践活动，技术与市场共同为农民群众的生产提供保障。这样的工业化的以市场为导向的学校企业，将生产、供应、营销等多个环节结合在一起，使农民群众慢慢了解产品生产过程，并在此基础上使农民群众由之前的寻找市场转变为主动走向市场。

（三）学院＋专业产业协会＋农户的办学模式

乡村社区发展学院组织以教师与毕业生为主体的专业产业协会，让毕业生组织广大农民群众，从而积极发挥教师与毕业生的作用，施展自身的技术和知识能力，为农民在科学技术上提供相应的服务，组织农民参与技术培训，使学院运营与乡村现代化进行融合，从而使学院变成促进乡村现代化教育的载体，为其发展提供有力的支持；构建完善的乡村信息服务体系，使学院的信息资源中心的功能得到充分地发挥，建立完善的人员数据库以及劳动力市场信息数据库，对就业信息进行收集、开发与利用，及时发布相关信息，使农民群中能够及时获得有用的信息，从而顺利解决遇到的生产、销售等方面的问题，帮助农民进行产品交易，为农民群众打开致富的大门，使农民群众可以在精心打造的"绿色通道"中富裕起来。

（四）产、学、研一体化的办学模式

自乡村社区发展学院建成以来，首先要侧重于建设高校创业服务体系，加大力度为学生的创业实践提供有力的支持，在乡村产业经营发展过程中，通过多种形式参与到高层次的服务中去，建立产业、技术以及商业中心，通过教与技的结合，使科学与教育能够提升至技术开发以及运营管理的水平上去，使学院以往的服务功能被突破，逐步延伸至产业部门以及市场部门。

其次，乡村社区发展学院要结合乡村生产实际，深化教学改革，实行弹性学制和学分制，实行"三边结合"与"三区结合"的教学模式，所谓"三边结合"，就是让学生一边进行经营生产实践，一边学习文化知识以及专业知识，再一边创收致富，"三区结合"则指的是学校园区、家庭区以及商业园区相结合，使学校、学生与广大农民群众紧密联系起来，把教、学、做进行有机结合，使学生的适应能力得到提升，为其就业提供助力，使他们掌握了相关技术与知识后回到家乡去创业，从而成为合格的新一代乡村现代化建设者。

最后，要建立"乡村科技示范园"和农民看得见的科技园，按照"乡村问题、培训项目、产学研结合"的思路，发挥示范辐射作用。示范园区要和乡村经济发展进行紧密地结合，通过适用于乡村发展的先进技术，突出示范；乡村经济结构调整紧密联动，讲求实效；紧密联系学校的教育目标，突出园区建设的方向，努力建设乡村科技示范园、乡村人才培养摇篮和乡村先进科技示范

基地。

（五）县、乡、村网络化办学模式

乡村社区发展学院具备一定的科技优势，因此要充分对其加以利用，建立培训、发展、服务网络。在乡村推广和运用先进适用技术，建立以乡村社区发展学院为基础的多层次人才培养网络；依赖于科技示范园区、乡镇企业以及庞大的生产经营预算，建立专业协会与产业化单位，构建专业化、产业化的科技服务示范辐射网络，形成"学、练、富"的教学模式和积极负责的服务式。

三级网络是指以乡镇教学骨干机构—乡村社区发展学院为主导，基于乡村成人文化技术学校的县、市、村三级教育培训网络。所谓三级网络，指的是乡村社区发展学院为国家服务的组织保障。利用乡村社区发展研究所的人才和智力优势，按照"以资源为中心开发，以市场为中心导向，以项目为中心培训"的发展思路，依托三级网络在乡村开展形式和层次广泛的培训，实现农民素质提高、农业改造的目的。

先进科技成果不但可以使乡村各个行业的科技含量得到提高，还能促进乡村社区发展学院自身的创新与发展，从而实现乡村社区发展学院与乡村经济社会发展的"双赢"。

（六）就业培训兼升学教育的办学模式

乡村发展高等教育必须与普通教育、职业培训、高等教育、成人教育和各类培训开放沟通渠道，构建开放的教育体系，建立各类教育的"立交桥"。

"立交桥"最重要的一个内容就是联系乡村社区发展学院和普通教育。它对接受过一般培训的乡村人群实施了具体的职业培训措施，并加强了他们的专业技能、专业意识和职业技能，以提高他们在求职路上各方面的竞争力。

"立交桥"的第二个重要内容是联系乡村社区发展学院与职业培训。它为完成中学和其他职业培训的乡村人群提供必要的职业培训，并培训学生成为乡村所需的高技能人才。

"立交桥"的第三个重要内容是联系乡村社区发展学院与高等教育。要求乡村社区发展学院开展全日制高等教育预备课程，公共基础课要与相应类型和层次的高校相衔接。同时，职业课程应转化为可分离的"部分"，即专业化和模块化，以满足不同层次和不同学习者的不同需求。

实现进修与就业的结合是"立交桥"的又一重要内容。加强乡村社区发展学院与成人教育之间的联系，以及通过不同渠道和形式实施乡村成人教育。

"立交桥"的第五个重要内容是联系乡村社区发展学院与各种培训机构。乡村社区发展学院的人才培养要和乡村社会需求紧密联系在一起。大学培训计划特别是技能培训计划的制定一定要基于相关的行业标准，为指定雇主培训的专业人员一定要与雇主的生产工艺和条件、管理模式以及技术改造方向相适应。另外，在乡村社区发展学院与社会紧密联系的发展中，乡村产业的产品转化、人员配置、结构调整以及工艺设备更新应成为其发展的重要内容。

乡村社区发展学院要把乡村劳动力转移培训基地的建设作为工作重点，使自身具有就业创业培训的条件，从而更好地为学生服务，为学生和用人单位搭建"立交桥"。加强对乡村人群的培训，扩大入学范围，通过实施灵活的入学、培训和毕业政策，以及同时颁发学历证书的制度，从普通大学中引入学分制和灵活的学校制度，以促进乡村社区的发展；开放针对获取职业资格证书、发展证书以及其他证书的培训及考核，学生可以根据自身的需求通过多种途径来完成自己的学业；培养优质人才，适应发达地区、现代化乡村、国内外劳动力市场等不同地区和不同工作领域的需求；对新技术产业新的发展趋势进行跟踪，对培训项目结构进行调整，开发新培训项目，以满足社会日益提高和丰富的新需求，开发与新技术、新工艺、相关的专业课程；开设传授创业知识、提高创业技能的选修课，满足社会对经营管理、教育培训的需求；培训专业化技术人才和富有领导才能的领导者。乡村社区发展学院通过与乡镇企业合作，大力开展"订单式"招生、劳务输出培训、出国培训等，实行招生与就业相结合，以就业效益促招生，促进乡村社区发展学院招生就业良性循环，加强创业教育和就业咨询的成功率和稳定性，实现乡村后备劳动力的技能更新。

（七）三教统筹的办学模式

作为乡村高等教育的一种形式，在乡村三教统筹的总体规划中，乡村社区发展学院应发挥调节整合作用。

乡村小学一般是以劳动教育为突破口，将乡村职业培训要素进行逐步渗透；乡村中学注重分流教育，建立教育、培训、与企业合作三位一体的综合性学校；以促进就业和发展高等教育为目标，乡村高等学校正在研究综合性高等学校中通识教育、职业培训和成人教育的融合方式。

在乡村通识教育、职业培训和成人教育融合的基础上，建立乡村社区发展学院，实施乡村高等教育总体规划，充分发挥乡村高等教育的融合作用。这样，发挥横向联通、纵向贯通的立体交互作用。此外，尽管现有的乡村普通职业培训本身促进了乡村地区经济的发展，但仅由教育部门独立承担为乡村现代化服务的职能并不完善。必须努力形成有效的政府统筹规划体系，农科教紧密结合，直接服务乡村，打破原有的教育部门独立管理体制，为促进乡村社区发展实施高校三教统筹协调管理新机制。

（八）乡村社区发展学院的课程模式

乡村社区发展学院培养目标具有自身的特殊性，因此，对应的课程体系包括培训内容、课程结构等方面必须具备鲜明特色。具体的课程体系特色如下图所示（图 5-7）。

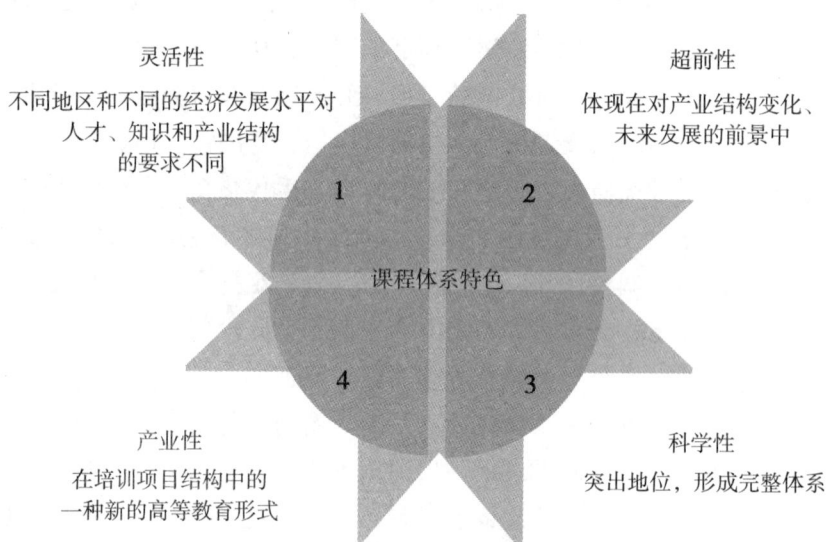

灵活性
不同地区和不同的经济发展水平对
人才、知识和产业结构
的要求不同

超前性
体现在对产业结构变化、
未来发展的前景中

课程体系特色

产业性
在培训项目结构中的
一种新的高等教育形式

科学性
突出地位，形成完整体系

图 5-7 课程体系特色

1. 培训项目的灵活性

不同地区的经济发展水平也是不同的，因此对于人才、知识以及产业结构的要求也存在一定的差异。有些地区产业分工比较精细、工种分布也比较明确，就可以设计一个第一产业能力强、业务精通的支柱性培训项目；在分工不细但生产类别齐全的地区，可以设计多方向的多元培训项目；在产业结构快速调整、学生就业方向发生重大变化的地区，可以针对一个行业，考虑多个因素，设计阶梯发展模式的培训项目。在大多数情况下，后两者情况较多，占主导地位。

2. 培训项目设置的超前性

乡村社区发展学院是为乡村地区的经济与社会发展服务的，这在产业结构变化以及未来发展前景中有所体现，也就是说新兴产业在发展的初始阶段，学院应有针对性地培养其所需的人才，并对于设置的培训项目不适应经济发展需要的问题进行有效地预防，加快教育项目转型，根据需要开展新的教育项目办学。

3.培训内容的科学性

培训项目内容的科学化培训项目优化的本质。追求努力实现积极有效地为每门课程、每一个教学环节的教育目标服务。实践课程要占据主导地位，文化课程的选择要合理，内容要满足学生发展的需求；应用课程要能够反映生产适用性，侧重于科学知识与生产技术的教学。

4.课程结构的产业性

乡村高等教育不是在乡村重新崛起的普通高等教育，而是一种在培训项目结构中的新的高等教育形式。乡村高等教育应该更接近乡村产业，而不是学术性专业、学科。因此，培训计划的设置可能与普通高校不一致。培训计划的内容应根据培训对象正在或将要投身的部门的需求设计，而不是根据专业、学科领域和职业体系设计，这是乡村社区发展学院课程结构的显著特点。

总之，课程是影响教学最终效果的重要内容，其结构是实现乡村社区发展学院培养主体发展的中心环节，是乡村社区发展学院办学特色的重要内容，为保证其效果应该遵循下列原则进行课程设计。

第一，依据培训项目的需要设置课程。

课程应着眼于培训项目的需要，而不应仅仅追求学科、专业和职业的完整性以及系统性。要将学科及专业之间的界限打破，对课程进行重组和合理地融合，减少课程种类，重设跨学科课程，提高教师的教学效率，促进课程之间的融通。在编制培训大纲和选择教材时，要对所有课程的技能要素进行认真研究，对培训内容加以调整，对于培训内容的深度有一个合理地确定。

第二，实践活动课程化。

乡村高等教育以培养工业技能为基础，要让学生在掌握了生产的一般原理和程序的基础上，对其优秀的专业技能进行培养，因此，院校就必须加强活动实践，基于课程性质的学习内容的要求多开展一些实践活动。

第三，注重开发学生特长。

开设与培训课程相关的选修课程，基于专业与个人学科领域的需求对具体的学习内容加以确定，从而使学生获得技术学科的培训。在国外，很多发达国家以及部分发展中国家对于农民培训都是非常重视的。而且每一个国家也都有着各自不同的教育方式和方法，教育水平也有很大差异。发达国家现代化程度高，农业人口比例小，农民通常接受正式培训。按照规定，农民要经过高等或者是中等的农业培训并取得相应的资格证书以后才能"上岗"。发展中国家最重要的农业培训机构是政府部门，农民的培训的主要内容就是推广与农业相关的技术培训与推广。不管是发达国家还是发展中国家，农民培训的经费往往都是由国家以及地方政府提供的。通过农民培训，国家的乡村现代化也能取得很好的成果。中央和地方政府要高度重视新时代下的农民教育，尤其是为农业、乡村以及农民提供直接性服务的乡村高等教育，把投资、组织和发展乡村高等教育纳入责任范围，并且将其主动提上议事日程。

第三节　乡村高等教育的探索之路

中国在乡村人口接受高等教育和建立乡村高等教育体系方面进行了深入研究，各种有益的探索为建立乡村高等教育体系奠定了基础。针对乡村教育，在进行了初步尝试之后，各地纷纷结合实际情况进行了探索，下面便从中选取几个典型的案例加以说明。

一、浙江省高教自考

浙江省每年获得大专以上文凭的高教自考生达 1 万多人，相当于全省普通高校毕业生的 1/8，其中 32% 是乡村考生。浙江省高等教育自学考试向乡村延伸的成功实践和有益探索，闯出了一条广大农民接受高等教育的现实之路和中国乡村更快实现现代化的新路。

（一）乡村呼唤高教自考

1981 年，中国教育史上光辉的新一页揭开，高等教育自学考试诞生了，这无疑是一种创新，符合国家集中力量办大事的国情和经济发展的需要，其目的自然是促进受教育者自学，提高国民素质。

近十年来，中国的自学考试发展迅速。然而，一个普遍的问题出现了：自学考试仅限于城市和县城，而乡村几乎无人参加。例如，浙江省的自学考试始于 1984 年，十多年来发展迅速，参加人数、参加规模都有新的突破。然而，与中国其他省市一样，绝大多数考生来自城市，乡村的考生很少。自学考试是个人自学、社会资助和国家考试的有机结合模式的成果，由于乡村信息匮乏、办学条件差、交通不便、考生分散等原因，乡村自学与自考难以开展。

教育是一部华彩巨著，自学考试无疑是中国教育史上的辉煌篇章。但是，为什么这种神圣的光芒只能照耀城镇居民，却难以影响需要更多知识的农民？中国是一个农业国家，为了国家的现代化发展，农业国家需要有文化和高新技术的学生。然而，城市受教育的学生往往受到就业机会较少、发展空间受限等诸多因素的影响，不想在接受高等教育之后来到乡村发展。乡村考生接受教育的目的往往是逃离乡村，跳出农业大门。长此以往，便形成城市居民不想来，农民一有知识就离开乡村，总是缺乏接受高等教育的大学生建设新乡村的怪圈现象。

中国乡村地区需要的高质量受教育者最多，但中国乡村地区远比城市缺乏必要的教育资源。为了培养能够留在国内的学生，自考是一种值得探索的模式。1992年，全国高等教育自学考试会议在辽宁召开。浙江省自学考试局局长在会上建议将自学考试推广到全国。为了改变"城热乡冷"的现状，浙江省决定将把自学考试扩大到全国作为战略目标。

乡村需要高等教育自学考试吗？专项调查中，自学考试办公室的负责人分别走到60多个区的300多个村庄和城市，大量研究表明，乡村需要高等教育自学考试，当然，自学考试必须适应经济发展的需要，服务于乡村经济。浙江省的教育滞后于经济社会发展的客观要求，尤其是在乡村和城镇。浙江省乡镇企业总产值占工农业总产值的85%，但真正参与其中的高水平、高学历技术人员却寥寥无几，甚至大多数的大中专毕业生都不愿意长期在基层工作。另外，乡村经济和社会发展迅速，随着农业和乡镇企业向产业化、规模化、高效化方向的不断发展，对管理和技术人员的要求也越来越高。相当一部分乡村青年受过高中教育，有强烈的求知欲和强烈的抱负，但受当前高等教育深造无门的限制，他们没有继续学习的机会。

从自学考试培训本身来看，无视或忽视绝大多数人民的乡村地区显然不适应社会和自学考试发展的需要。自学考试是完全开放的，投资较少，在推广到全国方面比其他形式的学校具有特殊优势。与国家开放大学、函授教学的条件限制和规模控制不同，自学考试是完全开放的。乡村人口分散，生产任务艰巨，乡村青年更适合这种灵活、可调节的学习方式。

（二）乡村高教自考的创举

自国家考试委员会发出开展自学考试的信号后，为了将自学考试扩展到全国，一些省份也进行了尝试，它们率先设立农业专业的课程与考试，结果收效甚微。浙江省自学考试办公室在调查中指出，由于考试办公室的设立仅限于区级，乡村地区处于真空状态，而乡村人口分散、信息闭塞，区级考试办公室与乡村渴望知识与技能学习的适龄青年之间缺乏沟通渠道，绝大多数求知者甚至不知道自学考试。众所周知，注册、获取考试资格和参加考试是较为繁复的流程，更不用说为这些分散的考生提供咨询、培训和其他学生援助措施了，这在实际操作中存在困难。

1993年3月，浙江省自学考试办公室首次将嘉兴、江占作为基本助学网络试点单位。短短几个月，两个镇的教育委员会和考试办公室就逐步建立了联络站点。这些联络点以乡村文化技术学校或乡镇中小学为基础，在市政府和大学的指导下开展自学考试，并辐射到周边没有联络点的乡镇。乡镇自学考试联络人由成人教育干部同时担任，采用"走出去、请进来"的方式，即走上街头、挨家挨户、媒体宣传、邀请考生讨论交流。在注册时，实施预约和一站式报名，并延长注册日期，以方便乡村地区的求知者。在组织辅导活动时，根据当地情况调整措施，并结合本地和外国的实践经验，使用函授辅导材料，组织自学小组、候选人座谈会、考前辅导，进行录像辅导，编制自学考试试题辅导资料，采取长期面对面辅导等多种措施。

（三）没有围墙的乡村大学

自考毕业生的最大的特点是能够依靠乡村，服务乡村经济，实现农业现代化。自学考试为在不同岗位上发挥作用的乡村和城市培养了一批"素质好、实用、高质量"的自学毕业生。据报道，截至1998年，浙江省乡镇数万名乡村考生通过自学考试获得了毕业证书。他们大多留在家乡为当地经济发展服务。许多毕业生因表现突出而被提拔，成为生产和管理的骨干，为乡村发展和现代化作出了贡献。

自学考试具有很大程度的开放性和灵活性，所有中国公民都可以自愿注册，参加自学考试，自由选择专业，自由选择咨询学校，自由组织考试课程。自学考试完全采用学分制，考试年限、通过率和毕业生人数不受限制。自学考试的形式是最灵活的，它不受时间和空间的限制。考生可以在几年内、十年以上甚至终身学习中不受限制地完成学业。年轻人可以参加考试，中年人可以参加考试，老年人也可以参加考试。这种灵活开放的形式更适合乡村知识寻求者。还有一些东西是无法用金钱计算和量化的。接受普通大学教育的毕业生只愿意在城市工作，而不愿意在基层工作，尤其是在乡村地区。然而，对于乡村自学成才的人来说，这个问题并不存在。他们出生在乡村，在乡村长大，与乡村有着天然的联系，毕业后，他们也愿意在乡村工作。国家需要这种稳定且优质的人才，他们是我国实现农业现代化的主力军。

正如中国的乡村现代化还有很长的路要走一样，乡村的自学考试也是如此。我们有理由坚信，自考之火会如星星之火，必然可以燎原，一条现代化的新乡村高等教育发展之路必将在火中涅槃。

二、温铁军与晏阳初乡村建设学院

（一）成立背景

20 世纪二三十年代，中国发起了一场大规模的乡村建设运动，经统计，有多达 700 多个团体和 1000 多个试验点，其中包括梁漱溟等人在山东邹平创立的乡村建设研究院，以晏阳初为首的"定县实验"，陶行知、黄炎培等人也进行了重要而有价值的探索。这些乡村建设项目和各种试点探索出的实践经验和精神，对解决我国日益严重的"三农"问题具有很强的借鉴意义。

在河北省定州市翟城村，有一句话流传于田间地垄：如果晏阳初还在，村里就不会这么落后了。这句话表达了村民们对晏阳初先生的怀念，以及他们对接受科学和教育的殷切希望。

1926 年，晏阳初在定县翟城村开始了举世闻名的"定县实验"，他为村民提供免费的识字和畜牧繁育教育。后来，由于日本入侵中国北方，这项试验被迫在 1936 年结束。直到现在，翟城村人都喜欢谈论晏阳初通过科学实验培育的新品种给人们带来的好处。

晏阳初发现，中国的文盲主要在乡村，如果乡村不能发展，中国就无法真正实现现代化。1926 年，他来到定县，定县后来成为世界各地乡村建设运动的发源地。在定县，晏阳初发现中国农民的主要问题是"无知、贫穷、茬弱和自私"，但他发现个人改造无法解决问题，因此他逐渐研究了一个全面的乡村改造计划，从识字、明理、健康教育和公民教育开始。

晏阳初先生认为，在社会转型时，只有良好的愿望和热情是不够的，还要有科学的方法，若想拥有一个更美好的世界，这个美好的世界需要有更高素质的人。

半个多世纪以来，晏阳初的公民教育理念在河北省定州市根深蒂固。以晏阳初命名的乡村建设学院在翟城村成立后，标志平民阶层的识字启蒙在翟城村兴起、发展。翟城村位于河北省定州市东亭镇，是晏阳初"定县实验"的发源地。河北省定州市东亭镇，2003 年有 5000 多人口，人均年收入 2000 多元，是中国 460 万个自然乡村之一，也是在这个晏阳初"定县实验"的原址之上，又开启了一次新的乡村教育运动实践。

为了发扬晏阳初先生扎根乡村办教育的精神，2003 年 7 月，在 70 多年前晏阳初先生和他的同事们实践探索的定县（现河北省定州市）翟城村，在多家机构的联合努力下，"晏阳初乡村建设学院"正式成立。

（二）办学的使命

晏阳初乡村建设学院的宗旨是培养农民中的精英人士，即乡村中的人民领袖。这些人在学习结束后回到家乡，参考学习的经验，然后结合家乡的实际状况，带领乡民走上发家致富的道路。

我们要以晏阳初、梁漱溟、陶行知等前辈的公民教育理想和乡村建设精神为基础，继往开来，与时俱进，努力吸引各种独立、奉献、创新的综合性乡村建设人才，通过研究和实践国内外先进的乡村建设理念，推广更多乡村建设和乡村全面发展的实践经验，培养创新和创造力，发扬现代性与传统相结合的意识和实事求是的科学精神，吸引有志青年走进乡村，建设自己的家乡。同时，要通过直接、可持续的乡村社区发展和城乡互动，启迪人们的智慧，发展人们的力量，改善人们的生活，为社会可持续发展奠定基础。

温铁军的愿景是，在分散的小农经济中，通过试点推动经济合作组织，团结农民，携手抵御市场经济带来的风险；推进乡村合作社融资试点，促进乡村发展资金积累；促进可持续能源利用和保护环境，改善乡村社会的环境。所谓乡村建设，就是在乡村社会经济规模较小的前提下进行组织创新和制度创新。温铁军希望通过晏阳初乡村建设学院帮助农民了解合作互助的具体方式，组织乡村剩余劳动力改变家庭和村庄社区的面貌。总的来说，这便是学生们每天喊出的口号："改变自己，做家乡主人。团结起来，建设新乡村！"

（三）学院的主要工作

1.学院所在翟城村试验区的综合建设

翟城村的经济、文化、卫生、环境、政治和组织建设，可以促进翟城村的全面和谐发展，提高翟城村人民的整体素质，提高社区的整体凝聚力。在这一过程中，应注重经验积累、数据积累和相关研究，在条件成熟时将翟城村试验区的综合开发经验推广到其他地区。同时，学院还将为乡村建设工作者提供各种培训课程。

2.农民综合培训与专题培训

学院的每个培训期都要考虑到乡村建设的愿景、技能和方法三个部分。在现有综合培训的基础上，学院在 2005 年积极开展专项培训，为学成返乡的学员设立了各类乡村建设基地，以便提供各种后续的支持与服务。

3.生态农业的研究、试验及推广

为了促进民生发展和农业可持续发展，学院于 2005 年设立生态农业工作室。设立工作室的目的是探索当地村庄的可持续农业生产方法，缓解当前农业生产中的污染严重问题以及发展与资源稀缺之间存在的冲突，并在当代乡村建设过程中寻找可持续发展的新途径。

4.与乡村建设相关的研究及其出版

该学院是一家由社会力量运营的非营利公益事业单位，遵循非营利性和可持续发展原则，坚持"职工免费接受教育"原则，努力为全体人员打造"平等参与、积极建设"的共同平台，动员更多社会力量广泛参与。

三、杭州萧山社区学院强化服务功能

萧山社区学院于 2004 年开始筹建，正式成立并首次运营，根据萧山社区经济社会发展对提高全区社会成员整体素质的迫切需要，积极开展社区建设，促进教育自我发展、人的全面发展和社区可持续发展。

萧山社区学院的工作思路如下图所示（图 5-8）。

图 5-8 萧山社区学院的工作思路

（一）建立社区教育网络

充分发挥社区学院的主导作用，完善萧山社区教育组织网络；以城市社区学校分支机构、社区街道和企事业单位社区学校为基础，整合各系统内部培训设施，构建覆盖全区的社区教育培训网络。

（二）加强社区教育的课题研究

积极开展社区建设研究，着力研究创建学习型社会，开展探索研究，努力做到实现以萧山社区为中心的科学研究，为创建萧山社区学院新局面提供相应的理论支持。

（三）积极拓宽培训市场

充分发挥乡村的基础性作用，在现有基础上继续积极利用社区内的各类教育资源，努力开发社区教育培训新功能，进一步优化社区学院办学模式，积极联系区委、区办；企事业单位利用学院的培训功能，拓展员工专业技能培训、成人学历教育、青少年优质教育、老年休闲文化教育活动以及其他不同类型人群所需的教育培训。

（四）整合资源，开展形式多样的社区教育活动

教育机构和学校应当积极向社会开放体育设施、教学设施和图书资源；全区各级文化中心、博物馆、图书馆和爱国主义教育基地应向公众开放；充分发挥社区领导作用，以阅读、征文、报告等形式开展各种公益活动，努力创建学习型社会。

（五）努力提高社区教育信息水平，加强社区教育宣传

利用各种新闻媒体和广告工具，广泛宣传终身学习和学习型社会，通过萧山社区学院网站搭建社区宣传管理平台和社区资源管理平台，充分发挥学院是对外联系的窗口的作用，增强公民终身学习意识。

（六）积极探索社区学院的内部运行机制

特别是从落实岗位责任制出发，明确各岗位职责，建立项目责任制。首先，要落实项目的社会效益，评估每个项目可能产生的社会效益，使项目在建设学习型社会中发挥积极作用；其次，落实项目的经济效益，使大部分项目产生一定的经济效益，为建设学习型社会提供资金支持。

第六章 乡村高等教育发展的拓展

为满足乡村高等教育的现在和未来需求，发展面向乡村现代化的高等教育，培育新的高等教育增长点，是乡村高等教育的发展趋势。我国高等教育应更多地面向乡村，同时必须重视乡村高等教育的招生与就业需求，通过加大对广大乡村适龄青年的高等教育入学机会的关注，促进乡村高等教育大众化、普及化发展。高等院校的社会职能拓展有利于乡村高等教育进一步推进。相关机构的发展从某种程度上说，满足乡村经济建设对高等教育的需求，符合积极建设乡村高等教育的目标要求。

本章分为院校招生与就业制度改革、高等院校社会职能拓展和相关机构迅速发展三个部分阐述。

第一节 院校招生与就业制度改革

一、农业院校主导招生和就业制度改革的原因

招生和就业制度改革的主要目的是解决农业院校毕业生关心的就业问题。早在 20 世纪 70 年代就恢复了高等院校的全国统一入学考试，此后农业院校开始实行统招和校招相结合的模式，旨在招收对口专业人才。尽管如此，人才就职过程中出现的"学而不用、专业不对口、实习过后人才无法留下"的问题越来越明显。一方面，乡村农业科技人才严重缺乏；另一方面，农业院校毕业生

下乡难的问题日益突出。

　　我国农业科技人才数量少，并且存在流失严重的明显问题。农业高等教育的培养目标应该是"培养大量实践人才为乡村服务，培养部分学术研究型人才就任科研院所、大学和相关机构"。受诸多外部和内部因素的制约，我国农业高等教育存在大部分农业专业毕业生不愿意选择下乡的问题，多数人都选择留在城市，这一问题现象与培养目标不匹配，时至今日也尚未得到根本解决。

　　造成这一问题的原因可以按照内部和外部因素具体分析，如下图所示（图6-1）。

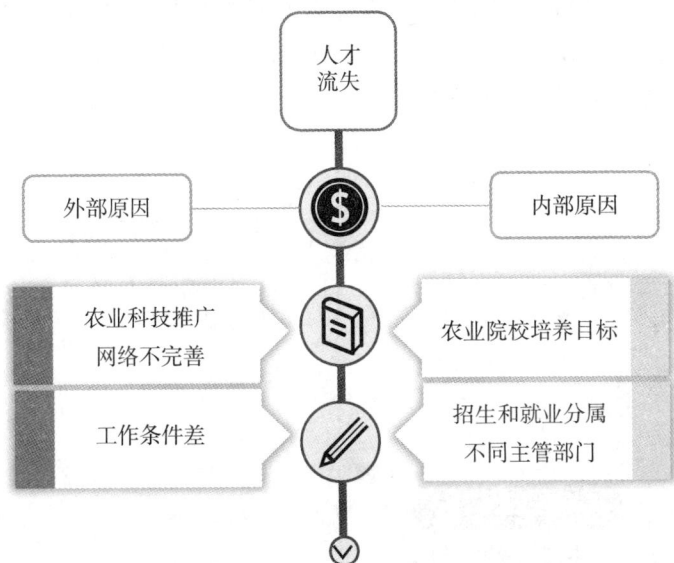

图 6-1　农业科技人才流失严重原因

　　从外部来看，主要因素如下：首先，我国农业科技推广网络不完善，导致推广之路漫长；其次，进入乡村基层，似乎就与工作条件差、生活困难、待遇差、经济困难相挂钩。由此，农业院校毕业生"谈农业畏惧"不难理解。

　　从内部来看，主要因素如下：首先，我国农业院校的教育目标是长期培养高等农业科技人才，这一培养目标本身就与乡村基层所需的熟知生产与实践、运营与管理以及相关知识的综合应用型人才相背离；其次，从招生方式来看，招生和就业分属各主管部门，各部门各司其职。招生部门关注的是招生计划是否完成，往往是流行什么职业就针对性招生，很少从宏观角度考虑社会需求的人才类型；毕业生分配部门只根据现有专业和学生进行分配，不考虑社会发展的人才需求。

解决农业毕业生问题已成为我国农业高等教育发展的重大问题。如果入学不以国家为导向，分配不以基地为导向，那么办学的思路必然越来越窄。招生和就业指导是学校培养人才和发挥高等教育社会功能的结合。人才的产出与其说取决于分配，不如说取决于入学专业选择，因此农业院校为了在乡村提拔毕业生，首先尝试改革招生制度。

二、农业院校招生与就业制度改革的过程与措施

针对农业院校招生和就业的问题，农业院校早从 20 世纪 80 年代初以来，就对以农业院校为主的高校招生与就业制度进行了不断调整和改革，大致经历了两个阶段，如下图所示（6-2）。

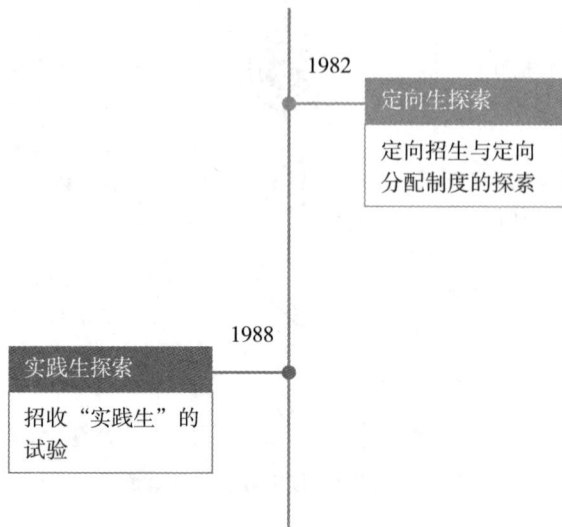

图 6-2 农业院校招生和就业制度改革阶段

第一阶段，定向招生与定向分配制度的探索。

这项改革始于 1982 年，由吉林省和内蒙古自治区的学校作为试点，针对林区专门招募了一些定向生。采用的方法是在这些地区参加全国统一考试的学生中，适当降低一到两个分数段，从中挑选综合素质佳的学生，他们在毕业后返回原林区，以解决林区人才短缺的问题。

这一政策从本质上由 20 世纪 80 年代和 90 年代中国社会主义现代化建设的主旋律决定：在不打破城乡界限的情况下，通过发展乡镇工业、建设小城镇、

发展乡村经济，使农业剩余劳动力在当地转移，进而促进农业现代化。西方国家现代工业的增长是以乡村萧条和崩溃为代价的，而我们的发展道路不同于西方的工业化道路。因此，乡村现代化的道路决定了中国高校必须解决毕业生走向的特殊问题。乡村大学和职业学院应该有一套新的招生和分配方法，为乡村吸引人才开辟道路。

第二阶段，招收"实践生"的试验。

山西农业大学以英国的做法为例子，改革专业设置和招生制度。早在1988年，山西农业大学率先招收了一批具有一定社会实践经验的乡村青年，选用两年制专科学习制度。这批具有一定社会实践经验的乡村青年入学不迁移户口，毕业后不包分配，旨在全部回到农业生产第一线。这一试验确保乡村教育针对的是有专门需要的学生，也改善了原来培养的学生不从事相关专业工作造成教育资源浪费的问题。

这一试验经检验后证明行之有效，迅速在全国推广开来，四种代表性做法如下图所示（图6-3）。

山西农业大学

将招生指标划县，县按1∶5组织生源，实行社会公开报名，省招办组织命题考试

上海农学院

在经济效益好、创汇较高的乡镇（企业）内招生，采取自愿报名和组织推荐相结合的方式

山东农业大学

确定试点县，公开报名，初选按1∶5选出候选对象，最后参加全国普通高校招生考试终选

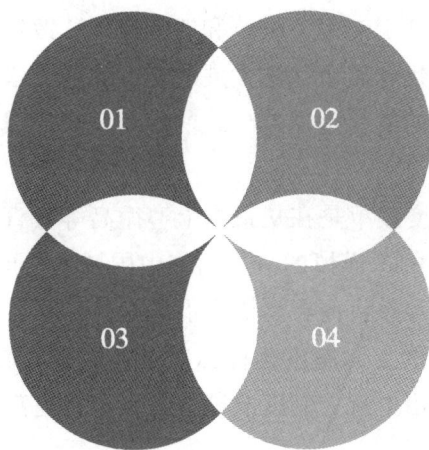

西北农业大学

确定招生地区之后，广泛宣传，发动报名

图6-3　招收"实践生"的4种代表性做法

招收"实践生"的试验从一开始就明确表示"实践生"不迁移户口，不保证分配，也不提供多渠道就业推荐。试点学校通常采用地区学校管理和"实践生"联合培训的方式，即招生地区（市）和学校以协议的形式明确规定从招生到培训到毕业生使用和安置的整个过程中双方的责任、权利和义务，相互监督，严格执行。教师负责组织理论课程、实验和教学实践，在学校进行，学校则定

期向生源区通报学生在学校的学习情况和成绩，以便生源区了解和掌握学生的情况。生产实习和社会实习活动由学校和相关企业组织，结合当地生产实际确定实习内容。以上这些措施确保了试验的有效性。

"实践生"的学习目的明确，有一定的专业课基础，尽管基础学科考试的成绩不如普通学生，但是在大学中与普通学生的学习成绩没有显著差异。山东农业大学和四川农业大学的调查显示，"实践生"的平均总分接近或高于普通大学生分数，甚至在实践环节高于普通大学生的成绩。

"实践生"的就业比例逐年增高。山西农业大学从 1988 年到 1994 年招收了近 1000 名"实践生"。1991 年，西南农业大学有 20 名"实践生"从四川省綦江县毕业后，17 名学生在乡村和城市工作，超过了过去 40 年安排在该地区从事农业生产的普通大学生总数。经调查，"实践生"的能力强于"普通生"。大部分"实践生"出生在乡村，了解乡村，了解农民。他们经过专业的培训后可以充分发挥自己的才能，参与家乡的建设工作。

简而言之，自 20 世纪 80 年代以来，中国高校招生和就业制度的改革主要是由外部需求推动的。促进乡村毕业生回到家乡就业是中国高校需要解决的重要问题，而农业高校的"定向生"改革和"实践生"改革只是其中的指南性改革。这是中国乡村工业化和城市化的发展战略。农业大学改革的进化类似于有机体的进化，而有机体的进化是通过持续的小改革来完成的，大的突变往往会导致严重的问题。

新时期招生就业制度改革是在从根本上遵循高等教育内在逻辑的前提下进行的积极研究，是理性的、谨慎的。目前，中国城乡之间存在着明显的差异。招生就业制度改革是高等教育内在逻辑发展的必然结果，为了平衡个人利益和社会需求，在招生和录取方面制定各种标准是各国高等教育发展的共同趋势。以农业院校为主的高校招生就业制度改革，为我国普通高校统一招生考试制度改革打开了一扇大门。

第二节　高等院校社会职能拓展

一、农业院校第三职能的恢复

农业院校的第三职能涉及农业扩张和农业院校的教育活动。自 20 世纪 50

年代以来，中国农业院校的职能已被简化，基本上中国农业院校的职能仅限于人才培养。农业院校试图实现在乡村地区办学，或者通过尝试建立一种半工半读、产教研相结合的模式，从而形成以农业院校为核心的农业推广教育体系。

农业推广教育一般指通过实验、示范、培训和交流，向农民传播、传授和传递新科学、新技术、新技能和新信息，使他们自愿改变自己的行为，以改变生产条件，改善生活环境，提高决策水平，增加收入，达到精神与物质双赢的目的。在国外，农业继续教育活动通常集中在农业院校。从产生和发展的历史来看，农业院校承担着农业拓展培训的任务，这标志着农业院校社会服务职能的形成。第二次世界大战后，美国的农业教育模式得到了世界各国的广泛认可。尽管由于不同的社会经济、政治、文化和教育环境，各国无法完全按照同样的蓝图建立农业培训体系，但大部分国家都认为农业院校将成为农业继续教育活动的主力军和核心。

在美国，州立大学农业学院的专家和科学家是农业教育活动的核心力量。他们不仅是教学人员，也是试验和科研中心的科技人员，还是推广工作的骨干。州立大学农业学院设立农业推广办公室，由联邦农业部领导，负责全国的农业推广问题和该地区的农业合作，并在每个地区雇佣农业推广人员。

总之，乡村改革发展需要政府部门的推动、大学教师的意识和高等教育理论研究发挥主导作用，有助于形成和发挥中国农业院校和其他院校的第三职能。但是，农业高校履行第三职能的具体方式、途径尚不明确。农业院校如何以及在多大程度上参与农业继续教育活动，这取决于农业院校对这项工作的认识和外部社会环境条件，因此，农业院校的第三职能是多样化的。

二、农业院校第三职能行使方式的创新与多样化

在第三职能的恢复与发展过程中，农业院校创造了多种高等教育通向乡村，直接为乡村社会和经济发展服务的新形式，归纳起来主要有三类：

（一）开展多种形式的培训

利用教学优势开展多种形式的乡村培训是农业院校行使第三职能的重要形式。1979年，受当时农业部（现农业农村部）委托，沈阳农学院和华南农学院开设了第一期"农业管理培训班"，这是新时期农业院校教育活动的开端。此后，农业院校逐步形成了直接面向乡村的三级教育：学历培训、技术资格培训和普及推广培训。具体如下图所示（图6-4）。

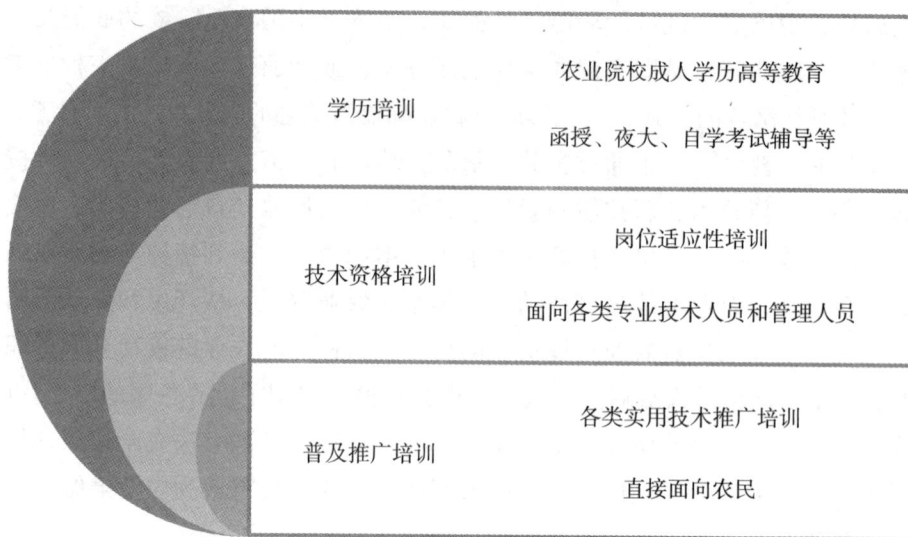

图 6-4　面向乡村的三级教育

学历培训不会转移学生的户口，学费由县政府补贴，生活费用由县政府自行承担，学生通过考试后，国家发放大学学位。如金寨县蚕桑产业发展迅速，年产值超过 1 亿元，重要原因是该县拥有一支高素质的蚕业技术队伍，该队伍 95% 的技术人员是通过联校管理培训的。

技术资格培训是指针对农业生产线各类专业技术人员和管理人员的岗位适应性培训，包括农业干部培训、职业资格培训等。如农业中学专业师资培训、乡镇企业管理人员培训、农产品加工师资培训、农业推广人员在职培训、农业职业技术培训、农业经济贸易等方面的职业培训。这类培训有不同的形式、时间和方法，大多数课程都是集中授课，但也有集中课堂和分散自学结合的形式。

普及推广培训是指直接面向农民的各种实用技术普及教育。普及和推广教育通常与农业院校的推广项目相结合，以培养农民相应的知识与技能。这种教育通常是一件事对应一种教育：一些直接为农民组织教育培训，另一些先培训骨干，然后骨干技术人员可以将相关的知识与技能传授给农民。例如，山西农业大学为农民提供红枣技术培训，以进一步开发吕梁山区。

（二）鼓励科技人员下乡

将高校科技人员集中起来，组织科技人员下乡，直接参与农业教育的普及工作，把高校的科研成果迅速转化为现实生产力，是许多国家农业教育的实践方向，也是农业科技迅速进步的重要原因。新时期，我国农业院校创造了许多鼓励科技人员下乡的有效途径。

从推广应用的角度来看，农业科技成果依照需求可分为三类，如下图所示（图 6-5）。

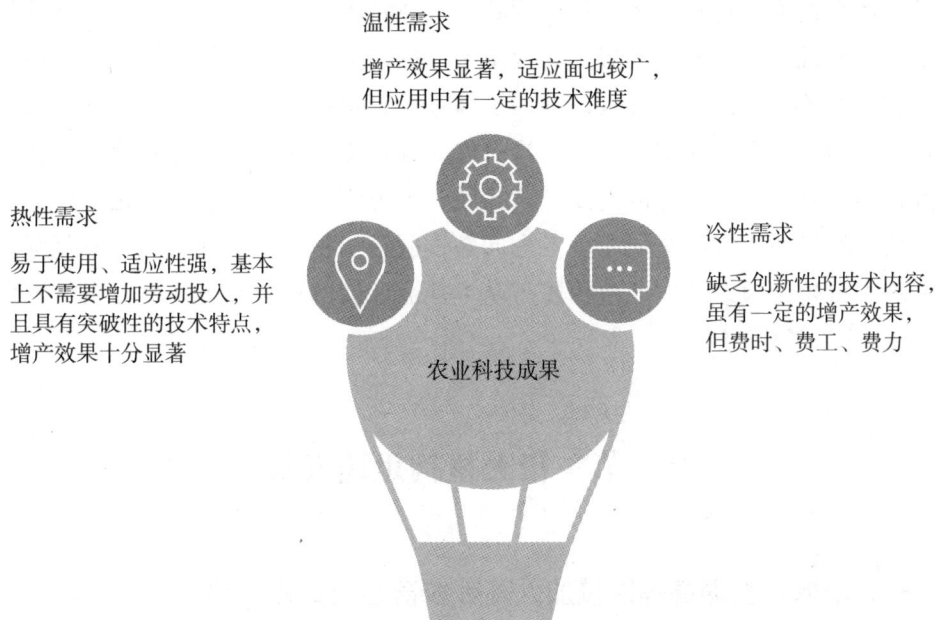

温性需求

增产效果显著，适应面也较广，但应用中有一定的技术难度

热性需求

易于使用、适应性强，基本上不需要增加劳动投入，并且具有突破性的技术特点，增产效果十分显著

冷性需求

缺乏创新性的技术内容，虽有一定的增产效果，但费时、费工、费力

农业科技成果

图 6-5　农业科技成果

在现实生活中，一方面，大量农业科技成果无法有效推广应用，另一方面，科技人员与实践联系较少，不太重视研究成果的应用和推广。科技人员下乡调研推广一体化，不仅可以推广原有的"热需求"成果，还可以帮助科技人员了解实际需求，从资助过程中了解成果推广方法，改变教学、科研和资助的方式。除了推广科技成果外，许多农业院校还挑选科技人员组成专家咨询小组，规划地方政府科技兴农。

（三）参与区域开发

高校参与区域开发，是指在国家和地方政府的支持和协调下，以高校为主体，在地方教育、科技部门的配合下，通过提高农民的文化技术素质，推广农业技术，建设新兴产业，促进区域乡村经济社会发展，在周边地区发挥示范和辐射作用。高校参与区域发展，可以从根本上改变教学、科研、就业各自为政的局面，逐步探索以农业高校为基础的多元化、综合化的教育体系，适合我国国情，使农业院校第三职能的行使更加有效。

总之，新时期农业院校第三职能的恢复和实践方法的不断创新与多样化，加速了高校科技成果的转化，促进了乡村经济社会发展，为高校带来了一定的效益，使高校更好地了解乡村社会现状、人才特点和科技需求，为高校发展创造了客观基础：调整专业设置、课程结构，提高人才培养质量，提高科研的社会效益。高等教育向乡村开放，推动了高等教育机构和大学的改革。发达地区乡村经济的发展和产业结构的调整将对农业院校提出挑战。上海农业职业技术学院提出，农业高等教育的内涵应该拓展，视野应该突破农业个体化生产的范围，从乡村发展建设的全局角度考虑问题，服务于整个乡村建设。服务范围的扩大将不可避免地改变农业院校履行基本社会职能的内容和方式，为高等教育全面融入国家创造条件。

第三节　相关机构迅速发展

一、非农业普通高等院校加入高等教育通向乡村活动

（一）乡镇企业兴起是推动普通高校加入高等教育通向乡村的直接原因

高等教育机构兴衰的根本动力，都来自外部社会需求的变化，这在国内外任何时候都不会改变。由于农业院校与乡村有着天然的联系，农业院校一直是高等教育引领乡村发展的"主角"。20世纪80年代以来，随着乡镇企业的兴起，对经济和乡村贸易等各类专业人才提出了前所未有的新需求，这给中国的传统高校带来了巨大的压力，越来越多的普通高校开始涉足高等教育下乡的实践。

中国的乡镇企业在乡村中培育，在农业中成长，是在农业资源的大量积累下发展起来的，它经历了20世纪50年代的诞生、60年代的退化、70年代的复苏和80年代的发展。乡镇企业兴起之初，"洗脚下乡"的乡村人才开始以勇气和洞察力创业。在这一时期，乡镇企业的技术和人才需求通过两种方式得到满足：一方面，企业负责人要"借脑袋"，吸引城镇国有企业或高校的技术人才下乡，长期发展，长期就业；另一方面，挑选乡村青年，送到大学和科研机构接

受进一步培训。

20 世纪 90 年代，乡镇企业进入了巩固、完善、稳定、高速、可持续发展的新阶段。乡镇企业的发展与小城镇建设密切相关，小城镇建设已形成相对集中、持续建设的趋势。1994 年，8% 的乡镇企业达到国家大中型企业的标准，数百家企业进入高科技领域。这样一来，乡镇企业的人才需求就不能再依靠"人才纽带"或派遣零星员工继续深造来满足发展需要。

（二）高等教育地方化理论的提出和研究的深入加快了普通高校参与高等教育通向乡村实践的步伐

这一理论对高等教育实践产生了重大影响，使高校完成从自发到自觉的理论研究和实践探索，为地方经济社会发展服务。

不仅需要公共企业和机构，需要高级专业人员，而且需要最丰富的知识和技能。

技术密集型和出口导向型乡镇企业也迫切需要当地发展高等教育，以培养适合正确道路、可以吸纳和利用的当地人才。

（三）普通高等院校参与高等教育通向乡村的主要形式

不同于原有农业院校改革进程中强大的行政色彩，普通高校在参与农业院校发展高等教育的实践中，从一开始就走上了市场化发展的道路。20 世纪 80 年代初，一些高校应乡镇企业的要求，培养技术人员或积极发展农业方面的科技成果，乡镇企业已经度过了开创阶段，进入第二创业新发展阶段后，也将提供更广泛的服务。高校通常以科技市场和人才市场作为媒介，向乡镇企业转移科技成果或科技人才。

二、直接面向乡村的新型高等教育机构的建立

如果社会不能从其原有的制度中得到它所需要的内容，必将导致其他制度的出现。随着乡村经济的快速发展和乡村社会的逐步现代化，传统高校已经不能完全满足乡村的发展需求。因此，自 20 世纪 80 年代以来，各种不同于传统学院和大学、直接面向乡村的新大学相继成立。

农函大是中国农村致富技术函授大学的简称，成立于 1985 年，总部设在北京，分校遍布全国各省、市、区。农函大是一所非学历性的专业技术教育和培训机构，隶属于中国科学技术协会，直接面向广大农民。学校成立以来，在帮助农民致富、提高乡村基层干部的科学文化水平和政治理论水平、促进乡村精

神文明建设等方面发挥了重要作用。也许因为这些大学是在传统高等教育体系之外成长起来的，也许因为它们的教育活动不符合高等教育的概念，高等教育界对它们关注甚少，相关的经验积累和理论改进较少，文献相对缺乏。在新时期，一些为乡镇企业服务的大学也在高等教育体系中建立起来。学校以其全新的办学特色吸引了众多学生，具体办学特色如下图所示（图6-6）。

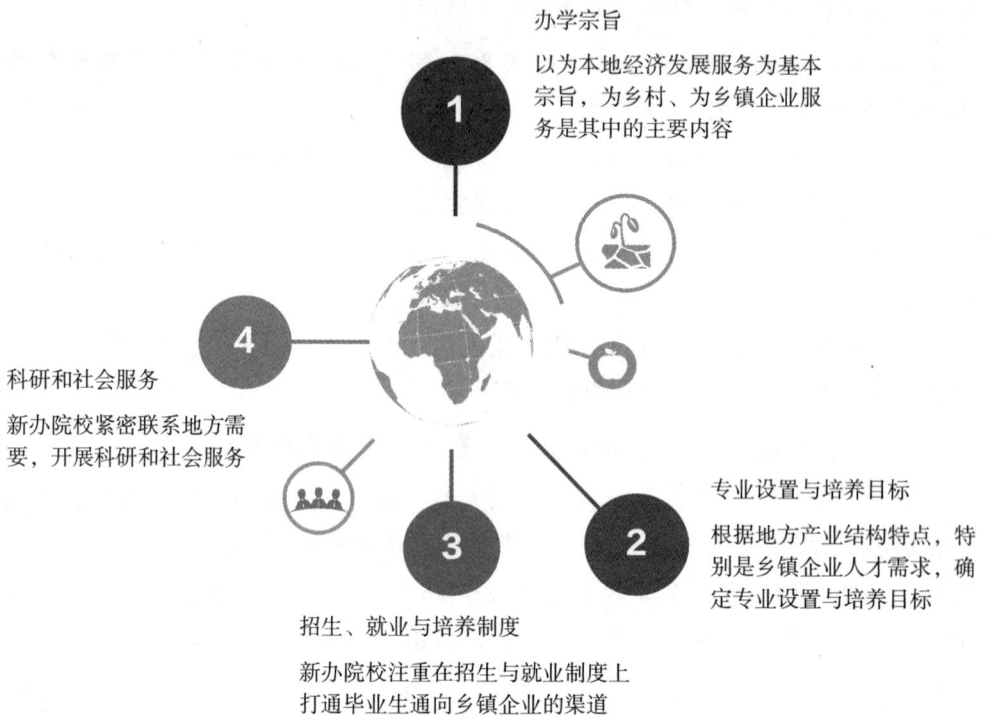

办学宗旨
以为本地经济发展服务为基本宗旨，为乡村、为乡镇企业服务是其中的主要内容

4 科研和社会服务
新办院校紧密联系地方需要，开展科研和社会服务

2 专业设置与培养目标
根据地方产业结构特点，特别是乡镇企业人才需求，确定专业设置与培养目标

3 招生、就业与培养制度
新办院校注重在招生与就业制度上打通毕业生通向乡镇企业的渠道

图 6-6　学校办学特色

新建大学正是凭借这四大办学特色，才能在教育、文化、科技等方面为广大乡村发挥高校的辐射作用，为地方政府特别是乡镇企业培养大批"适销对路"的应用型人才，促进乡村经济社会发展，成为真正为国家服务的"农民大学"，这也为这些新建高校的发展创造了良好的社会环境。因此，对于大多数乡村新建高校来说，未来的发展方向不应该是与传统高校并驾齐驱，而是在服务乡镇企业的过程中发展新的特色。

第七章　乡村高等教育发展的展望研究

中华人民共和国成立以来,乡村产业结构由过去的单一产业结构发展至产业结构丰富化阶段,直至今日乡村迈入产业结构优化的新阶段。产业结构优化升级伴随中国乡村社会转型发展,同时乡村高等教育受到乡村产业结构变迁的影响,呼唤新时代的教育改革。除此之外,乡村远程高等教育也利用各种现代远程教育信息技术手段将高等教育课程资源和学习理念送往基层,成为乡村培养实用型人才的一种新型教育形式。政府、高等教育院校和普通乡村家庭为实现构建乡村发展与高等教育发展互动新格局采取了积极措施。

本章以乡村结构变迁呼唤乡村高等教育变革、乡村发展与高等教育发展新探索以及构建乡村发展与高等教育发展互动新格局为主要阐述内容进行乡村高等教育发展的展望研究。

第一节　乡村结构变迁呼唤乡村高等教育变革

伴随时代的发展,中国乡村的社会变迁体现在很多方面。乡村社会分层结构的发展变化是乡村社会转型的标志性反映。乡村社会阶层的变化体现在两个方面:一方面是乡村社会人口的迁移,乡村社会人口的迁移主要是通过参加学业考试在城市学习,然后在城市工作、定居于城市实现的;另一方面,随着乡村地区的发展,乡村人口在当地分层。当然,不同地区的乡村人口分层程度不同。乡村教育在促进乡村社会阶层结构变化方面应该发挥了一定的作用，进一步明确了乡村教育的定位，对实现乡村教育推进乡村社会阶层改革具有重要作用。

一、我国乡村产业结构的变迁阶段

随着世界范围内科学技术的加快发展和国际经济发展方式的不断创新，产业结构调整愈加显示出对整个社会发展的重要意义。不同的产业在整个社会结构中所占的比重不同，这就形成了不同国家在不同时期呈现出各具特征的产业结构形态。乡村地区不同产业之间的关系和组合方式就是乡村产业结构。中华人民共和国成立以来，乡村产业结构变迁阶段如下图所示（图7-1）。

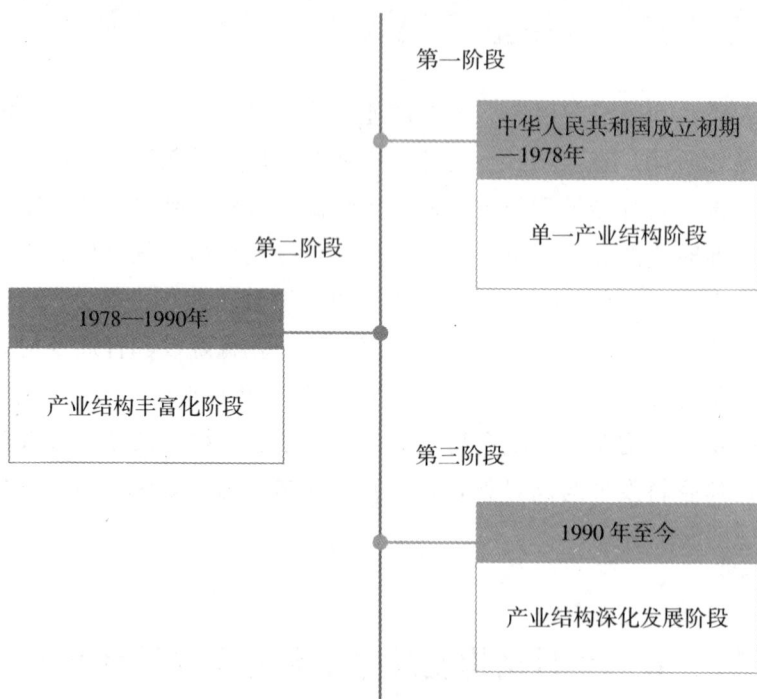

第一阶段

中华人民共和国成立初期
—1978年

单一产业结构阶段

第二阶段

1978—1990年

产业结构丰富化阶段

第三阶段

1990年至今

产业结构深化发展阶段

图7-1 我国乡村产业结构变迁阶段

第一阶段：单一产业结构阶段（中华人民共和国成立初期—1978年）。

从中华人民共和国成立到改革开放的几十年里，中国乡村经济相对落后，这主要体现在乡村产业结构的基本特征上：乡村产业结构以第一产业为主，而第二产业和第三产业的份额很低。当时，中国实行社会主义计划经济的发展模式，各行业的结构形式和相互关系是在政府的统一领导下分布的。为实现工业化，大力发展第二产业以工业生产为主，一般分布在城市地区。第一产业包括农、林、牧、副、渔等各个产业，然而在这一时期内，农业始终是我国乡村经济发展的重心，如下图所示（图7-2）。

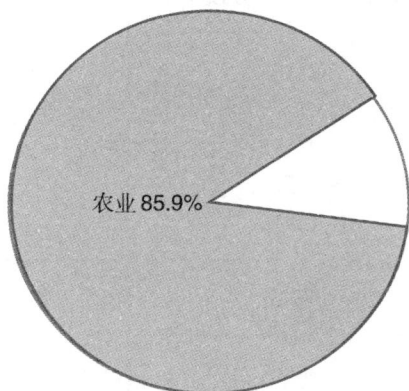

（a）1952年农业在乡村农林牧副渔业总产值中占比

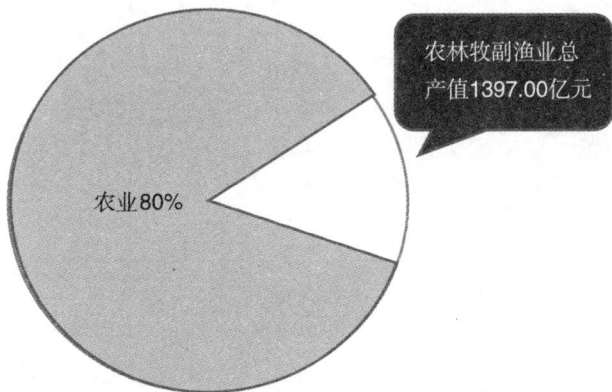

农林牧副渔业总产值1397.00亿元

（b）1978年农业在乡村农林牧副渔业总产值中占比

图7-2　1952年和1978年我国农业在乡村农林牧副渔业总产值中占比

从1952年和1978年我国乡村地区农业在农林牧副渔业总产值中占比不难看出，虽然在近30年的时间内，乡村地区农林牧副渔业总产值不断攀升，但是农业在其中的占比却不断下降，对农业的重视逐渐下降，其影响程度可见一斑。乡村农林牧副渔业之间一直处于非均衡的发展状态，农业虽然与其他产业相比始终保持着明显的优势，但这一比例正在逐年下降。在种植农业中，粮食作物所占比重明显高于非经济作物，如表所示（表7-1）。

表7-1　1949年农作物总播种面积及比重

农作物	播种面积（千公顷）	占比
稻谷	25709	23.38%
小麦	21515	19.57%
玉米	12915	11.75%
高粱	8922	8.11%
谷子	9207	8.37%
大豆	8319	7.57%
薯类	7011	6.38%
棉花	2770	2.52%
油料	4228	3.85%
麻类	29	0.03%
糖料	124	0.11%
烟叶	61	0.06%

第二阶段：产业结构丰富化阶段（1978—1990年）。

改革开放以来，中国政府明显感受到原乡村体制对乡村经济发展的制约，开始了乡村经济改革。包产到户制度提高了农民参与劳动生产的积极性，提高了土地的经济效益，长期有效地遏制了大量农业生产的滞后和低效。与此同时，乡镇企业强势崛起，积极扩大了乡村产业结构的范围。农民不仅可以从事正常的农业和生产，还可以创办私营企业。在此期间，乡村产业结构发生了重大变化，从单一的农业产业结构转变为包括农业、工业和贸易在内的多元化产业结构，如表所示（表 7-2）。

表 7-2　乡村三大产业占比

年份	1978 年	1980 年	1985 年	1990 年
第一产业	68.6%	68.9%	57.1%	46.1%
第二产业	26.0%	25.9%	35.7%	46.3%
第三产业	5.4%	5.2%	7.2%	7.6%

从上表可以看出，以农业为主的第一产业在所有乡村经济结构中的比重下降了 20% 以上，而以工业和建筑业为主的第二产业则呈现出快速上升的趋势，以运输和贸易为主的第三产业也在逐步发展。第一产业的劳动力比例也从92.9% 下降到 81.6%，这表明越来越多的农民开始从第一产业的农业流向第二和第三产业的生产和经营。

第三阶段：产业结构深化发展阶段（1990 年至今）。

党的十四大在 1992 年明确了建立社会主义市场经济体制的决定，邓小平南方谈话为改革开放关键时刻的经济发展注入了一剂强心针。面对这样的政治环境和经济发展机遇，乡村产业和建设不断发展，服务业逐渐显示出活力，如图所示（图 7-3）。

第一产业
81.6%

第一产业
63.4%

第二产业
46.3%

第二产业
67.7%

1990 年 vs 2009 年

第三产业
7.6%

第三产业
12.9%

图 7-3　产业结构深化发展阶段产业结构调整

1990年以来，我国乡村劳动力从业人员在第一产业的比重出现了下降趋势，农业产业化发展是产业结构调整的一个特征。乡村第一产业已经成熟，第二产业和第三产业已经准备就绪。三大产业的比例调整为乡村产业结构调整指明了方向，乡村产业结构调整进入深化发展阶段。

回顾中华人民共和国成立以来乡村产业结构变化的历史，有助于人们深入了解当前和预测未来乡村产业结构调整的发展特征，具体发展特征如下图所示（图7-4）。

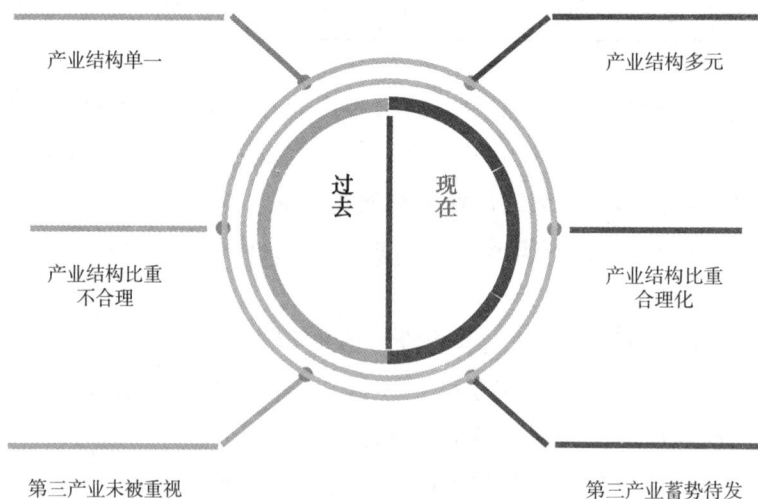

图7-4　乡村产业结构具体发展特征

其一，产业结构从单一到多元。

中华人民共和国成立之初，我国乡村产业结构相对单一，主要集中在三大产业中的第一产业。在第一产业的种植业中，粮食作物也远远超过经济作物的种植比重，造成了我国乡村产业结构长期的非正常发展。

这种单一的产业结构也引起了中国政府的高度重视，中国政府也在逐渐改变这一现状。以农业为例，1979年颁布的《中共中央关于加快农业发展若干问题的决定》认为，中国过去的一些政策和指向不利于农业、林业、畜牧业和渔业的全面发展，不利于农民发挥社会主义生产的积极性，农业、林业、畜牧业和渔业全面发展的政策也没有得到很好的落实，这阻碍了农业的高质量、高水平的发展。

改革开放以来，乡村产业结构得到了合理化改善，第二、第三产业迅速发展起来。

其二，产业结构比重逐渐趋于合理。

理想的产业结构应建立在充分合理利用自然资源和经济资源、将传统生产技术与先进技术相结合、产业协调发展、供需平衡和资源发展优势统一的基础上，寻求社会和环境效益的统一。这并不意味着产业结构调整后因希望某一产业发展而限制另一个产业，相反，应该不断适应外部的各种社会环境，如下图所示（图7-5）。

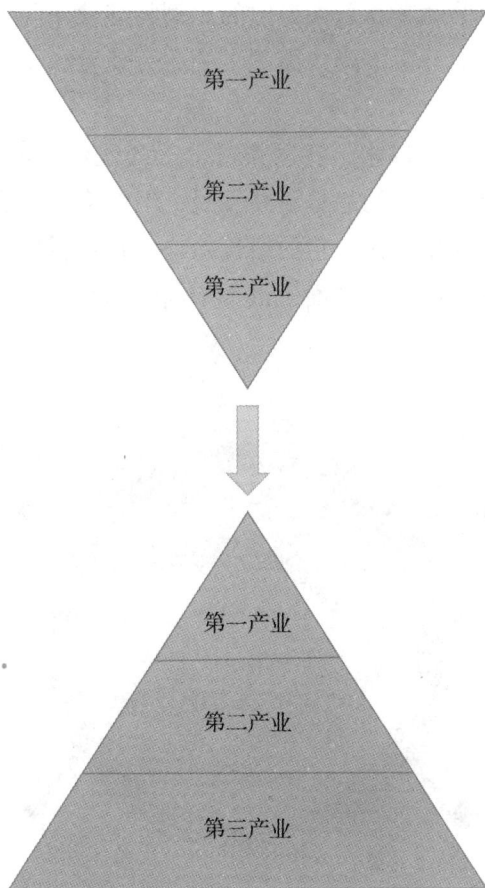

图7-5　产业结构发展趋势

随着生产力水平的提高，产业结构向不同类型的结构发展，逐渐由较低水平的产业结构转变为较高水平的产业结构。在低生产力发展水平地区，第一、第二和第三产业形成倒三角形结构，其中第三产业所占份额最小。当生产力达到一定水平时，产业结构就会发生逆转。中国乡村产业结构正在从第一种结构向第二种结构转变。

其三，第三产业的发展亟待加强。

第三产业的产值比重占比多少一向被认为是经济发展水平高低的重要指标，第三产业占比上升标志着经济发展水平较高、产业机构优化，也是生产力提高和社会进步的必然结果。

随着经济的发展，第一、第二、第三产业劳动者在总人口中的比例将有规律地变化：第一产业劳动者在总人口中的比例将继续下降，第二产业劳动者在总人口中的比例将先上升后下降，而第三产业劳动者在总人口中的比例将不断上升。

中华人民共和国成立以来，我国乡村第三产业建设极为薄弱。总的来说，虽然乡村第三产业沿着发展的趋势不断发展，但与第一产业和第二产业份额的快速变化和占比水平变化相比，它的增长趋势一直很缓慢，这主要体现在第三产业比重低和增长速度慢两个方面。以1978和2009年发展情况为例，如下图所示（图7-6）。

第二产业的比重 23.9%　　第二产业的比重 43.1%

1978 年 vs 2010 年

第三产业的比重 5.4%　　第三产业的比重 12.9%

图 7-6　1978 和 2010 年乡村第二、第三产业发展情况对比

从1978年至2009年，我国乡村地区第二产业和第三产业比重均有上升，但是从上图中可以明显看出，第二产业的上升趋势远远高于第三产业的上升

趋势，由此得以印证上文中提及的我国乡村地区第三产业的发展较为缓慢这一论点。

二、乡村社会阶层结构与乡村教育关联研究

（一）乡村社会阶层结构价值取向

乡村教育有两种取向：决定论取向和互动论取向。决定论取向是决定乡村社会阶层结构与乡村教育发展之间的决定性因素，它可以分为两种类型：一种认为乡村社会阶层结构决定了教育的发展，另一种则恰恰相反。互动论取向认为，乡村社会阶层结构与乡村教育的发展是互利的。

1.决定论

乡村社会阶层结构与乡村教育发展的关系是什么？传统观点认为，乡村社会的发展必然决定乡村教育的发展。近年来，随着知识经济话语在社会中强势化，人们倾向认为教育在社会和人类发展中起着重要作用，人们逐渐认识到教育在社会发展中也发挥着越来越重要的作用。社会阶层的发展决定了乡村教育的发展，或者说乡村教育的发展决定了社会阶层的发展。这两种观点都可以被称为决定论。

2.互动论

互动是指动态地看待乡村社会分层与乡村教育之间的关系。乡村教育不能等到乡村社会阶层的发展需要某一阶层的人才，然后才通过教育培养该阶层的人才。乡村社会阶层结构的发展应先一步发展对乡村发展需求的认识，积极应对这些需求，积极提出对乡村教育的新要求，确保乡村社会阶层发展的及时性、健康性和可持续性。

（二）乡村教育结构调整分析

1.丰富乡村教育层次结构

乡村教育包括学前教育、基础教育、职业教育、高等教育和成人教育五种教育形式。在乡村教育领域，我国基础教育在政策调控和资金投入方面具有明显优势，但是在高等教育、职业教育以及成人教育方面由于多种因素的影响，目前仍处于弱势地位。

如今现代科学技术正在飞速发展，产业结构的优化和现代化已不适应乡村原有落后而独特的教育结构，职业教育以及成人教育也要随着时代的进步与发

展做出相应地调整。通过对乡村职业培训与产业结构关系的理论模型分析表明，乡村职业培训对提高乡村人口素质、促进产业结构优化具有重要作用。同时，中国乡村产业结构的调整也可以促进乡村职业教育和培训的发展，以满足经济和工业的需要。当前，我国乡村职业教育培训发展依然面临瓶颈，存在教育经费不足、思想偏差、教师发展要求难以满足、专业结构不合理等诸多问题，必须由主管部门及时观察和解决。

政府要采取一系列措施，丰富乡村教育结构，在基础教育持续稳定发展的前提下，要大力促进乡村职业教育以及成人教育的发展，为乡村经济的快速发展储备充足的优秀人才。

2.改善乡村教育的专业结构

自改革开放以来，在农科教相结合和"三教"统筹的引领下，中国乡村教育为乡村经济发展和农民脱贫致富带来了强大动力。但是，随着各种科学技术在乡村建设中的应用与发展，乡村教育并没有完全适应，这主要体现在很多乡村教育以及成人教育机构在职业结构上的固化，从而造成了新兴农业行业技术工人缺失的情况。

当前，我国的职业教育和培训不能完全满足市场产业的需求，职业教育结构与产业需求结构出现断裂与分离的情况。如果职业教育与培训结构无法得到合理地调整，职业教育和培训的毕业生不仅难以满足不同行业的要求，并将使我国政府实现乡村职业培训的努力长期失效。要解决这一问题，需要全面改革乡村职业教育和培训的结构，改造农学、林果学、畜牧学、兽医学等传统专业，大力培养当地各类所有制单位用得起、留得住以及有致富能力的乡村优秀人才，从而与当地农业、乡村产业结构调整相适应。

农业产业化经营制度是一个集农业、工业、贸易为一体的产业合作发展体系，涵盖了多个行业和领域，决定了乡村产业结构与经济、营销、生产、加工、运输、服务等各类人才的适应性。

随着现代科学技术的飞速发展，市场经济的变化频率极快，变化周期逐渐缩短。乡村职业教育和成人教育必须在该领域建立高度敏感的信息反馈机制，从而基于产业结构的实际情况对相关的职业课程进行及时地确定和调整。

3.调整乡村教育的空间结构。

要想使乡村职业培训向人才培养转变，不仅要改善工作环境，还要对城乡职业培训进行战略性重组和规划。

从第一产业和各行业从业人员比例的变化趋势来看，我国劳动力就业结构的变化严重滞后于产业结构的变化，非农产业从业人员比例仍然很小。在非农产业中，使农民的比重得到提高，促进农村剩余劳动力合理转移，不仅对乡村生产要素的充分开发和挖掘具有很好地促进作用，使农民的经济收入得到提高，还能使传统农业生产长期一来的负面影响得到有效改善，为农民积极发展农业产业化提供良好的教育。

所以，人口城市流动已成为调整乡村产业结构、促进乡村经济可持续发展的关键。近些年来，我国城市化水平正在不断提高，乡村地区人口数量减少，使得学校数量也在持续下降，很多学校已经陷入到了运转困难的境地。

根据产业结构向专业结构调整的要求，越来越多的农民需要去学习适应产业结构，这对于乡村职业教育以及成人教育相关的学校建设具有一定的促进作用，这时，就要求重建科学合理的乡村教育空间布局，使之与当地社会经济发展相适应。

第二节　乡村发展与高等教育发展新探索

随着乡村教育的新发展和现代远程教育的蓬勃发展，乡村远程教育越来越被广大乡村居民接受，并逐渐成为培养乡村实用人才、提高乡村人口文化素质的重要途径和方法，农民的科技能力为建设社会主义新乡村、服务"三农"提供了重要的智力支持。乡村远程教育是指利用各种现代远程教育信息工具，将高等教育的课程资源和学习理念传递到乡村，以乡村居民为主要服务对象的开放式教育形式。

一、乡村远程教育的培养目标

乡村远程教育的培养目标和方向不仅要区别于普通高等院校，而且要区别于中心城市的远程教育。在现代远程教育理论的指导下，乡村远程教育以提高乡村大学生的整体素质和综合能力为核心，服务于新乡村建设和乡村区域经济发展，以服务为主要目的，紧密结合当地农业产业的特点和实际需求。乡村远程教育在传授理论知识的同时，注重培养实践技能，培养乡村大学生的管理技能，注重培养和促进乡村大学生的创业精神和就业能力。

（一）培养能留下来的乡村实用人才

学习的人员主要来自基层和乡村，毕业后希望用自己的知识指导乡村生产实践，为乡村工作服务，成为合格的村长、农民致富的带头人、乡村先进文化建设的带头人。因此，乡村远程教育培养了懂农业、爱乡村、爱农民的"三农"劳动者，是乡村地方性、可持续性的高级实践人才。

（二）培养学以致用的乡村实用人才

乡村远程教育的具体框架和课程要求必须适合乡村地区和基层学习者应用，在专业方面，要更加注重农业生产生活实践和乡村工作，具体规划如下图所示（图7-7）。

01 把握"实用、普遍、充分"的原则

02 开设针对性的课程和具有地方特色的课程

03 实行学分制管理

04 课程要求和规定与基础学生的基本学习水平相适应

图 7-7　乡村远程教育的具体框架和课程要求

农业种植养殖、农产品加工、农业经营等相关领域专业，在课程要求上，要把握"实用、普遍、充分"的原则，充分考虑乡村学生的文化基础、实际情况和当地农业生产技术。

同时，根据当地农业规划，特别是当地乡村振兴规划，以及当地农业产业化当前和未来发展的人才需求，开设一些有针对性的课程和具有地方特色的课程。开设一些选修课，以充分满足基础学生在专业知识方面的个人需求。

实行学分制管理，学生可以根据自己的情况安排学习进度，保证生活生产和学习互不影响。

课程规划大纲必须充分考虑乡村学生的需要，使课程要求和规定适应学生的基本学习水平，确保学生有信心和兴趣完成学业。

（三）培养实用的乡村人才

乡村远程教育机构应在完成必要的理论研究的基础上，更加重视学生的实践能力。乡村远程教育的理论教学体系和实践教学体系应该相互兼顾，理论学习是基础，实践教学更为关键。因此，不仅要强调适用性，还要注重实用性。

可以在学术培训中引入并整合一些能力培训和专业证书，实现实用型人才的培养目标，突出乡村远程教育的专业技能和地方课程特色，基础课程和通识课程可以体现在课程的框架中。

二、乡村远程教育人才培养

人才培养的目标必须通过适当的人才培养计划来实现。人才培养计划与人才培养目标有不可分割的关系，具体如下图所示（图7-8）。

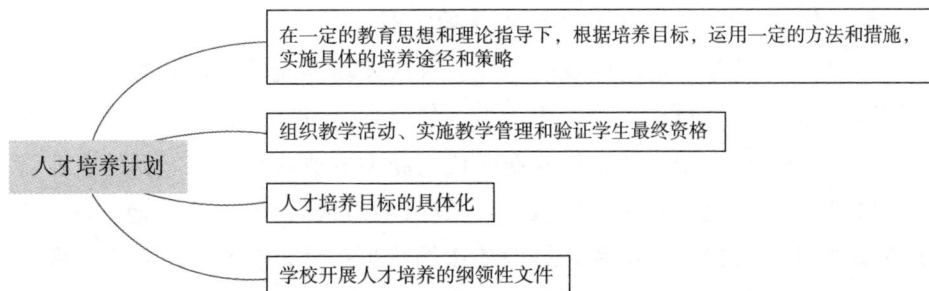

人才培养计划
- 在一定的教育思想和理论指导下，根据培养目标，运用一定的方法和措施，实施具体的培养途径和策略
- 组织教学活动、实施教学管理和验证学生最终资格
- 人才培养目标的具体化
- 学校开展人才培养的纲领性文件

图7-8 人才培养计划解释

因此，在乡村这个特殊背景下，为实现人才培养的目标，确定人才培养计划具有重要意义。乡村远程教育人才培养方案要根据远程教育的特点，结合基层学生文化基础的实际情况和参与学习的实际目的，结合实际的人才规格，这是建设新的教育图景和实施乡村振兴战略所必需的。

除了贯彻大学人才培养的一般原则外，重点还体现在以下几个方面。

（一）立足基层乡村，转变人才培养观念

乡村远程教育实行"面向地方、面向农村、面向基层、面向边远和民族地区"的办学方针，实行宽进严出和学分管理的管理制度，服务对象主要是基层和乡村的社区居民，其文化基础和综合素质与中心城市的学生不同。

因此，要根据这一群体的特点，以"学、练、用"为指导思想，充分发挥

远程教育的优势和特点，以学生为主体和中心，注重培养学生的学习技能，提高学生的综合素质，真正体现教学向教育的转变，培养适应新乡村建设的应用型人才，为实施乡村振兴提供智力支持。

（二）结合区域经济特点优化课程体系

乡村远程教育培养农业、林业、畜牧业和渔业领域的学士学位人才。支持这些专业特定学科知识和技能结构的课程（实践活动）主要包括几个类别，如基本文化知识、基本职业素质和职业资格。每个类别都有不同的级别和具体要求，要实现各层次的要求，必须根据不同专业设置相应的课程。乡村远程教育课程可以建立职业资格课程和地方特色课程，以满足特定区域内当地农业产业化发展的需要，强调课程（实践活动）的实用性和地方特色，特别是对课程实践教学、现场教学、论坛和商务实践等实践教学环节的要求，以满足乡村社会发展对人才的需求。

（三）教学组织改革与新乡村建设的衔接

教学组织形式改革是适应乡村远程教育人才培养规范要求的必然选择。乡村远程教育旨在为乡村地区培养生产型、经营型、资格服务型、社会服务型和资格驱动型的乡村实用人才，培养新时代的新型专业农民，拓展新的农业管理学科和农业素质，提高效率和竞争力。课程设置目标：课程设置应与乡村产业发展的需要相结合；选修课和必修课的比例适当；整合线上线下教育资源；教学与生产和社会实践相结合；不仅注重完成课程任务，还注重培养学习习惯和学习能力。

三、建立适合的质量评价体系

乡村远程教育所培养的农科大学生的质量关系到实施这一新型教育形式的影响和培养目标的实现，这是教育机构和相关方高度关注的重要的实际问题。教育绩效是检验教学效果和教育质量的重要指标，最终产出人才经衡量符合教育绩效的标准是人才培养的最终指向。

培训质量评估必须基于人才培养目标，从学习者的角度评估人才培养方法和学习效果，并从专业专家的角度对包括乡村基层组织（雇主）在内的社会各界毕业生的质量进行评估。在乡村远程教育机构中，推广实用人才基于"便捷、实用、高效"的原则，目的是针对学生文化基础薄弱的现状，建立适当的质量评估标准体系，来监控和评估他们的教育质量。

乡村远程教育质量评估应注重学习过程的实施、学习习惯的培养和学生基础学习能力的提高，评估学生学习后的知识和技能水平的提高是否达到预期目标，以及在生产实践中运用所学知识解决实际问题的技能是否能够满足当地乡村经济发展和农业产业化发展的需要。

形成性评估，即过程评估，关注学生的学习过程，评估学生参与线上线下教学活动和社会实践教学活动的情况，重视对学生学习过程的评估和评价。期末考试则更注重学生运用所学理论知识分析和解决实际问题的能力，并考查学生综合运用知识的能力。将两种评价形式结合起来的评价方法，可以最大限度地调动学生的学习主动性，使学生从被动接受评价转变为评价的主体和积极参与者，引导学生朝着既定的教育目标发展，培养实用型人才，这些都是建设新乡村所需要的。

四、乡村远程教育策略

教育是具有收益非排他性和非竞争性的公共产品，而人才培养事业是公用事业的一部分。教育事业一贯具有投资大、回报低、周期长的特点，很难在短时间内反映出教育的效果，因此，教育事业具有公共性和公权性，若单纯凭借市场的力量来主导乡村远程教育是不合时宜的。乡村的远程教育必须由政府投资主导。

全日制高等教育机构和大学的收入主要以政府教育拨款为主，辅以征收用于教育的税费、收取非义务教育阶段学生学杂费、校办产业收入、社会捐集资收入和建立教育基金制度等多种渠道筹措教育经费。

与全日制高等教育相比，远程教育的主要资金来源是高等教育收入和其他收入，财政补贴收入所占比例很低，这是远程教育资金不足的主要原因。政府和有关部门应将每名学生的教育预算纳入远程教育投资的财政补贴范畴，并建立远程教育专项资金的长效机制。特别是有关部门要建立适当的筹资机制，补充远程教育经费。种植业、畜牧业、园林业等行业的相关企业也是农业人才远程教育的受益者。企业也应该主动加大对员工远程学习的投入，以奖励或奖金的形式鼓励员工参与远程学习，充分改善参与远程学习员工的待遇，提高员工参与远程学习的积极性和主动性。

过去远程教育主要基于计算机实现远程学习，而当前移动端学习打破了时间和空间的限制。学生可以利用零散的时间更合理、更有效地学习。截至 2016

年年底，河南省 100.0% 的村通电，100.0% 的村通电话，96.6% 的村通宽带互联网，每 100 户家庭拥有 242.7 部手机。

高校要加强移动终端教学，不断推进多种教学方式的融合，为学生提供舒适的学习条件。第一，应根据省、市、区、班和学生的不同，在全省范围内建立五层移动学习平台，以满足不同身份的教师在资源建设、网络实时教学、问答、互动、作业评估、教学管理和学生学习等方面的需求。完成作业和学习行为记录，充分体现畜牧业远程教育系统办学效益。

第二，将移动学习设备分发给所有专业的每个远程学习学生。学生的个人信息和课程信息应植入移动学习设备。学生可以浏览学习设备上的资源，实时参加在线课程，进行虚拟实验，完成并提交作业、师生互动等整个教学过程，记录自己的学习行为。

第三，根据移动学习平台对资源的要求，以课程的教学内容和教学目标为主线，以知识点为单位，开发和转化大量聚焦突出、内容精练、适合学生零散学习的微视频资源。为了拓宽学习者的视野和知识面，省级广播电视大学还可以在爱课程网、智慧树、学校在线等移动课程平台上，从国家精品课程中引入开放式网络课程资源进行教学。

第四，要建设一支基于移动互联网平台的多元化教学团队，充分调动相关专业教师的积极性集中优秀教师，负责省级系统农业专业，借助移动网络平台开展教学和交流学习，不断提高教师的教学水平和对计算机教学的适应能力。积极与相关公司合作，在整个教学过程中满足企业对人才的需求，并从畜牧企业吸收优秀技术专家进行实践教学。

第五，选派高校优秀专家参与教学团队的领导和培训，使教学团队成员及时了解畜牧业发展趋势，保持教学团队成员专业技能的提高。建立基于网络的省级教学团队合作交流机制，充分利用移动互联网技术，实现教学团队之间的相互交流、学习和研究。充分发挥移动学习平台的作用，为本地区师资不足的基层学校提供支持服务，摆脱乡村基层专业师资短缺的困境。

第六，应在全省建立一支多元化的教学团队，以省级学校专业负责教师、系统教师、行业技术专家以及大学专家和教授组成的网络平台为基础。

第三节　构建乡村发展与高等教育发展互动新格局

为了构建乡村发展与高等教育发展互动新格局，可以从政府、高等教育院校和家庭三个角度提供相应的策略，促进乡村高等教育发展新格局的构建与发展。

一、政府措施

从政府角度来看，主要有以下六个方面，如下图所示（图7-9）。

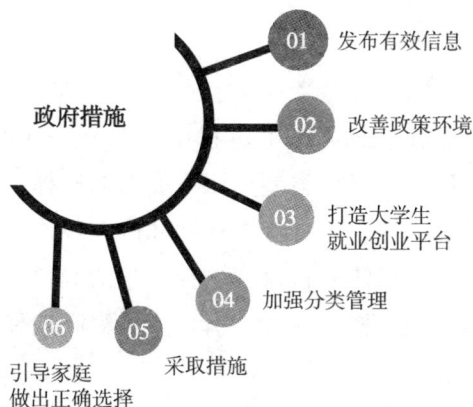

图7-9　政府促进乡村高等教育发展新格局的具体措施

（一）发布有效信息

政府应利用大数据科学研究和评估人才供求趋势，为乡村家庭选择大学，尤其是为合理选择专业建立参考依据，引导乡村家庭合理规避选择风险。在社会经济发展的不同阶段，对人力资源的性质、质量、规格和数量都有不同的要求，教育行政部门制定的人才培养计划应当适应社会经济发展对人才的需求。

由于信息不对称，乡村家庭的可预测性和预测手段参差不齐，对职业选择与职业之间的关系认识不足，对社会人才需求的预测存在较大偏差。因此，国家和科研部门有必要对未来的人才发展进行规划，预测未来各专业的需求，并作为教育行政部门或高校制定招生计划和设立专业的依据，平衡人力资源供求，降低乡村家庭接受高等教育的风险。

虽然今天家长和考生可以通过大学排名表了解相关高校的信息，但这些大学的评估和排名已经以不同的方式，根据不同的指标体系、不同的重点和标准蒙蔽了公众。

公众了解人才培养过程和大学质量的正式渠道很少。2011年以来，按照教育部的统一要求，国家"985工程"和"211工程"高等院校纷纷在各自的门户网站上发布了教学质量报告，引起了社会的极大关注。一些地方高等院校也相继发布了教学质量报告，但并非所有高等院校都发布了教学质量报告。

对于家长和学生来说，目前尚不清楚他们是否能从中看到客观信息，因为教学质量报告仍然是高校在自说自话。教育管理部应与外部评估机构联系，建立高等教育教学质量监测机制，及时制作教学质量客观报告，为乡村家庭选择高等教育学校提供真实可靠的信息。

（二）改善政策环境

经调查，乡村家庭在选择高校的过程中，无论是对各级高校意向的表达，还是高校属性、高校地域、高校类型和职业类别的选择，都取决于家庭对高等教育收入和成本信息的感知，它具有多样性和内在规律性。家庭对高等教育收入和成本信息的感知有效保障乡村家庭选择大学的利益，有助于培养乡村家庭选择高等教育的积极性和意愿。因此，引导乡村家庭选择恰当、适宜的大学是政府的必由之路。

政府在引导乡村家庭接受高等教育时，不仅要充分考虑实际情况，树立以家庭为中心的服务理念，尊重乡村家庭的意愿，还要大力培养乡村家庭对子女接受高等教育的理性认识，引导他们根据乡村家庭的不同特点，做出适当、稳定的高等教育选择。要为乡村家庭高等教育的选择创造良好的政治环境和制度保障。

1.要尊重乡村家庭的意愿，树立与城市家庭不同的教育服务理念

由于我国高等教育资源主要采取政府投资的方式和机制，高等教育资源总量仍然严重不足，不同地区的高校之间、高校内部资源配置不平衡。

我们可以清楚地看到，高等教育服务的目标是个人或家庭。家庭不仅是高等教育的提供者，也是高等教育的消费者。乡村高等教育选择的特点来源于社会，是社会需求的最直接反映。换句话说，在某种意义上，社会对人才类型和层次的需求通过人才市场反应在个人或家庭身上，然后通过个人和家庭的决定

反映在高等教育领域。

如果家庭选择高等教育的意愿得不到满足，高等教育的作用和价值将逐渐丧失。英国著名经济学家马歇尔指出："所有需求的最后一个调节者是消费者的需求。"因此，政府在制定发展战略和具体的高等教育政策时，应充分考虑乡村家庭的需求，尊重乡村家庭的选择意愿。

2.引导乡村家庭对高等教育的理性认识

首先，这一方面，取决于家庭如何理解高等教育将带来什么好处，另一方面取决于家庭的经济和背景特征。因此，政府应根据高等教育的发展趋势，引导乡村家庭从自身实际出发，积极评估高等教育的效益，并根据他们的家庭财力、物力现状和子女特点，做好引导工作，避免家庭盲目决策。乡村家庭只有树立科学的高等教育理性认知，才能从成本效益的角度做出正确的选择；只有乡村家庭对高等教育持理性认知观点，学生才会做出正确的选择，促进个人效益、家庭效益和社会效益最大化。

3.为不同特点的乡村家庭提供不同的咨询和服务

研究发现，由于对社会需求缺乏了解，乡村家庭有时无法做出理性决策，只能基于习惯性思维做出非理性决策。

有时，乡村家庭会在公立和私立大学、热门专业和冷门专业之间难以做出选择。因此，政府应克服市场功能的缺陷，完善市场功能，尽快建立和完善高等教育市场信息服务体系，充分利用各种媒体，真实、权威地发布影响家庭做出选择的各种信息，包括高校办学条件和资质、高等教育教学质量、校长和教师水平、高校机构和条件等高等教育服务信息，以及学校治理资金的来源、家庭特别感兴趣的成本和费用和劳动力市场的供求信息和供求预测。

这样不仅可以减少高等教育供求双方的盲目性，还可以为高校之间的竞争提供信息平台，利用信息公开化，起到监督作用，促进高校提高教育服务的效率和质量，降低乡村家庭在高等教育选择过程中的决策成本，提高决策的有效性，促进乡村家庭在高等教育中做出更加理性的决策。

（三）打造大学生就业创业平台

学生就业的背后是一个家庭全力培养的结果。每个乡村家庭的父母都希望他们的孩子能通过高等教育改变命运。因此，他们往往不惜一切代价实现这一愿望。然而，大学毕业生的实际就业情况让乡村家庭焦虑不安，现实中的乡村家庭经常陷入投资成本巨大和收益未知的痛苦迷茫之中。

中国的高校毕业生就业制度改革已经进行了十多年，双向选择制度已经成为社会广泛接受的模式。然而，就业仍然存在着信息不对称、制度不完善、不公平等现象。在我国，劳动力市场机制的不完善和家庭的社会经济背景等原因，都会影响学生的就业质量，在一定程度上带来了大学毕业生就业的不平等问题。

可以想见，未来毕业生总量将继续增加，结构性矛盾依然突出，政府需要更多地以毕业生就业为重，为毕业生提供全方位服务，创造良好的工作环境。

建立促进大学毕业生就业的政治体制，推进人事制度、就业制度、户籍管理制度和社会保障制度改革，降低人员流动的交易成本；打造顺畅的毕业生就业信息平台，拓展毕业生就业信息，降低求职成本。

改变过去单纯追求经济增长的方式，采取增长与就业相结合的经济发展方式。就业，包括毕业生就业率和社会就业率，被视为衡量经济发展的一个重要指标，要促进就业以便为大学毕业生和冗员提供更多就业机会。

认真加强创业教育，重点培养有创业抱负的学生，制订具体的培训计划，优先安排培训资源。对于在电子商务网络平台上开设网店的大学毕业生，应执行小额担保贷款和提现率的优惠政策。强化创业基金会的职能结构和制度结构，提高创业的成功率。

（四）加强分类管理

研究表明，乡村家庭高等教育倾向选择发达地区、名牌大学、公立大学和热门专业。中国重点大学与普通大学之间存在差距，不同地区的高等教育机构和大学之间，以及私立和公立高等教育机构和大学之间存在的不平衡，以及提供的教育服务水平不均衡，可以说是出现这种现象的主要原因。

因此，必须建立合理的高等教育管理体制，合理规划、调整和优化高等教育的结构和布局，满足家庭高等教育的各种选择需求，建立高校之间公平竞争的规则和制度，形成重点高校、普通高校、公办高校和民办高校协调发展的局面，提升各级各类高校的质量和特色。

1.实行分类管理和咨询，加强应用型人才培养

经济和社会发展、社会劳动力市场多样化需要加强应用型人才培养，在继续支持"985"和"211"高等教育院校建设步伐的同时，按照应用型基础教育的培养方向，在全国地方高校分类培养和管理应用型人才和合格人才。应用型本科院校主要培养具有较强理论基础、实践能力和创新能力的高素质应用型人

才。实践型本科院校培养具有较强的实践能力和创新意识的人才，以能力培养为主。

为培养出生产、建设、管理和服务行业的高素质人才，可以通过分类管理和咨询，鼓励高校在不同层次、不同学科、不同领域发展自身特色，争创一流质量，引领不同层次以及不同类型的高校进行适当定位，各取所需，各显所长，形成发展特色，提高发展水平。

2. 实施典型建设项目，引领高校分类发展

实施典型建设项目，创造人才培养特色名校，推动各类高校教学研发展。支持应用型特色名校的建设，使其成为一项高质量的创新，主要满足区域经济、社会和产业发展的需要；建立典型人才培养基地，使其成为以区域经济、社会和产业发展为主的高素质应用型人才培养基地，引领应用型高校发展；支持特色优质名校建设，使之成为引领企业转型、实现现代化和技术创新的高素质人才培养基地，促进优质高校发展。

3. 优化结构，引导高校学科专业建设分类发展

国家高等教育机构和大学采取积极主动适应经济发展的战略和产业结构调整的需要，紧紧围绕新兴产业、支柱产业和特色产业的需求，调整优化学科专业结构，加强重点学科建设，积极支持特色学科建设，大力支持社会急需的学科建设。

重点建设一批优势学科，提升高校核心竞争力，紧紧围绕建设具有时代特色、适应社会经济发展需要的高等教育专业体系这一目标，优化专业结构，优化专业资源配置，丰富专业内涵，打造品牌意识，突出专业特色，在适应过程中形成良性循环机制，在高等教育本科专业建设中，坚持"改旧、求善、创新、扬优、除劣"等原则。

培养和发展与经济社会结构战略性调整和现代产业体系建设相适应的优势特色专业，形成优势特色专业群，构建结构合理、优势互补、特色鲜明的专业结构体系。

4. 加大投入，建立高校分类分配机制

探索高校分类分配机制，根据经济社会发展水平，科学梳理各高校生均经费基本标准和生均经费分配情况，形成高校生均经费稳定增长机制。分类核定专项资金数额，加大支持力度，引导高校分类发展。

建立以人才培养质量为依据的高校经费使用绩效评价体系，评价不同类型高等教育机构和大学的教学和科研成果及其对区域经济、社会和文化发展的贡献，以有效提高现有学校经费使用的效率。

综合考虑经济发展和群众的承受能力，及时调整高校收费标准，探索落实各项收费政策和成本分担机制。

（五）采取措施

调查数据表明了乡村家庭在公立和高等教育中的属性选择。总体而言，私立高等教育机构和大学的选择比例非常低。虽然这只是一种意向性的选择，但与现实生活中民办高校的实际情况相差甚远。

民办高校已成为我国高等教育的重要组成部分和新的增长点，是我国高等教育的重要补充，是社会非营利性组织。为保障乡村家庭选择民办高校的利益，政府必须采取相应措施，促进民办高等教育学校的持续健康发展。

1.推进民办高校向应用型高校转变

众所周知，《关于引导部分地方普通本科高校向应用型转变的指导意见》为民办本科院校的发展指明了方向。民办高校从诞生之日起就明确其定位为培养应用型人才，以培养应用型人才为发展己任。

然而，由于缺乏办学经验，部分高校尝试了技术型人才培养模式，部分民办高校的办学路径则采用学术型人才培养模式。培养学术型人才的训练过程显然不足以实现最终培养应用型人才的目标，训练效果不明显。因此，培训过程的各个方面都需要转变。国家提出部分本科院校应转向应用型，民办本科院校应主动挑起转型重任。

2.扩大民办高校的自主权

扩大招生自主权，提交年度增量招生计划，提供优秀的学习条件和高质量的私立大学和特色大学。促进高质量的私立大学和特色大学依照国家有关规定扩大办学规模，根据学科和省级计划，自主确定年度招生计划规划，支持民办高校根据学校实际情况确定专业招生批次，扩大专业设置自主权。

除国家控制的专业外，民办高校根据教育部有关专业设置管理的规定，自主设置和调整本科专业和专科专业。鼓励民办高校推进学分制改革，探索符合学校特点、促进创新人才培养的教学管理体制。支持民办高校与企业、事业单位和地方政府合作，探索学校、企业、事业单位和地方政府联合培养创新人才的新机制。

3.加大对民办高校的财政支持力度

国家助学金对私立大学和学院非常重要。尽管私立高等教育院校扩大了教育资源,增加了家庭选择高等教育的机会,但由于私立大学和学院收费相对较高,乡村家庭往往对高额的私立高等教育费用望而生畏。

尽管民办高等教育的繁荣减轻了政府的财政压力,增强了教育的活力,已成为高等教育不可或缺的生力军,但与公立高等教育机构和大学相比,民办高等教育仍然处于弱势地位,财政支持不足。

世界知名的私立大学,如哈佛大学、耶鲁大学、牛津大学等院校,都得到了政府的全力支持。在这些院校就读的学生基本上是个人承担学费的40%,剩下的60%来自政府和社会企业捐款。

事实上,民办高等教育是一项巨大的社会公益事业,与公立高校一样,它为社会培养人才,为社会作出贡献,带来巨大的社会效益。因此,国家应建立健全国家补助、政府采购服务和助学贷款等公共高等教育制度,通过捐赠激励等制度,为民办高校提供充足的资金支持,促进高水平民办高校的建设。各级教育行政部门关注民办高校和同级教育科技专项支持领域的高校,重点支持这些学校的教师培训和科学研究。

(六)引导家庭做出正确选择

建立现代教育考试和招生制度,建立分类考试、综合评估和多次录取的考试和招生模式,这是高等教育长期改革目标。然而,要真正实现技术专业人才与学术人才的分离,还有很长的路要走。在我国,由于受到强调通识教育、忽视职业教育的观念的影响,传统上对学习的重视高于专业技术,绝大多数家庭面对职业教育与学术型高等教育,更倾向于选择学术型高等教育。

实证结果表明,乡村家庭在高等教育中的选择主要是从感知角度考虑教育的成本和毕业生收入,关注就业和薪酬,并希望他们的孩子可以通过学术高等教育获得上层社会的认同和认可,或者至少改变家庭处于下层社会的困境,并且尽可能创造更多的机会进入上层社会。拥有经济和社会地位的家庭越是处于底层,他们改变现状、进入上层社会的愿望就越强烈。

自1999年高校扩招以来,我国高等教育毛入学率稳步上升。2002年的中国高等教育毛入学率达到15%,标志着中国进入国际公认的高等教育大众化阶段。

2015年，中国高等教育毛入学率达到40%，过去13年平均每年增长1.5%。目前，中国高等教育毛入学率高于全球高等教育毛入学率的平均水平。特别是高等教育毛入学率的增长速度在过去四年中有所加快，年均增长率为3%，远远高于十多年前的1%。2020年，我国高等教育毛入学率已经达到54.4%；2021年，我国高等教育毛入学率达到57.8%。我国已经进入高等教育普及阶段。"教育缺失"不再困扰着考生，学习难题已经解决，高等教育分层趋势明显。

目前高等教育院校主要分为以下三类，如下图所示（图7-10）。

图 7-10 高等教育院校分类

第一类可以说是少数精英培养机构，即所谓的研究型或学术型理论大学；第二类是一大批注重提高应用技能质量的应用型本科院校；第三类是劳动力市场上的面向就业对象的学校，即高等职业技术学校。

这三种类型的大学有不同的教育目标和不同的培养方法，当然，对应着不同的考试内容、考试方法和报名方法。

乡村家庭在选择高等教育时首先会考虑对成本和收益的感知。由于现行招聘制度的局限性和严重的信息不对称性，乡村家庭对成本和收益了解甚少，感知和判断有很大的局限性。那么，如何为乡村家庭创造特定的条件或环境呢？

如何帮助乡村家庭获得足够的相关信息，然后从认知角度更准确地评估高等教育选择的成本和收益，从而做出理性选择？为了解决这一问题，政府和教育行政部门在引入高等教育分类招生考试制度时，不仅要注重建立、完善和改革招生制度，还要积极为广大乡村家庭开放信息服务的平台和渠道，同时，基于建立服务型政府的理念，建立新的分类高等教育入学考试制度。

建立信息公开平台和建立信息公开制度的工作分为两个方面。

1.建立政府、高校和社会广泛参与的信息公示平台

以法律法规的形式，建立完整、有效的高等教育分类入学考试信息公示制度。除了与公开考试相关的信息和高校运营的基本信息外，还需要准确评估考生家庭关心的信息，包括高等教育的"感知成本"和"感知收益"。公开高校学费和各项支出、高校补贴制度和"奖、扶、贷、免"等制度、毕业生就业率和高等教育教学质量评估内容，必须全面、充分、准确地公开乡村考生家庭关心的信息。乡村家庭对学生毕业后的"感知收益"和接受教育的"感知成本"都会为学生的判断提供及时可靠的信息支持。

2.提供基础广泛的招聘信息咨询

在这方面，还需要政府和教育管理部门提供与各级高等教育入学考试选择有关的各种信息咨询服务。一方面，帮助家庭获取、过滤和提炼各种可供参考的信息；另一方面，引导乡村家庭做出合理的高等教育决策，特别是在招生和录取服务理念方面，以接受教育的家庭为中心，充分考虑考生家庭的现实意愿和要求，尊重和引导考生家庭的意愿，帮助其做出适当、稳定的高等教育决策，转变考试中心主导的被动选择，实现"感知成本"和"感知收益"平衡的、乡村考生家庭主导的主动选择。

二、高等院校措施

乡村家庭之所以选择高等教育，主要目的在于获取更多的个人收益和家庭收益，这种收益既包括经济收益，也包括非经济收益。然而，大学规划越来越宏大，其教学质量也多遭诟病，且当前大学教育质量整体下滑问题现已成为大家的共识。因此，在乡村家庭高等教育选择这一投入—产出—收益的投资链时，高校作为提供服务的主体，要做的功课和需要改进的地方太多。

从高等院校角度来看，主要有以下三个方面，如下图所示（图 7-11）。

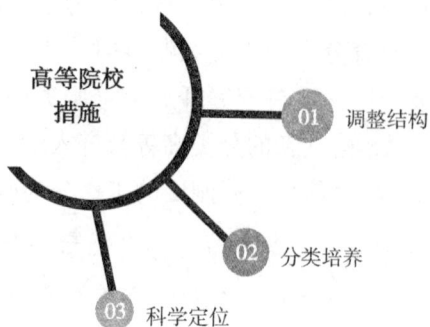

图7-11　高等院校促进乡村高等教育发展新格局的具体措施

（一）科学定位，满足经济社会发展需求

研究结果证实，乡村家庭对大学类型的选择是家庭对人才类型及其在劳动力市场需求偏好的反映。基于此，乡村家庭通常希望子女接受的高等教育类型是应用型高等教育和学术研究型高等教育。乡村家庭由于对专业有高度偏好，对不同的专业有不同的关注程度，在专业选择上存在显著差异。

研究表明，乡村家庭选择的就读专业中，经济学所占的比例最大，其次是教育学（师范教育）、管理学、法学、工程学、科学、医学、哲学、文学、农学和历史学。因此，高校在普及高等教育的过程中，要充分把握乡村家庭及其子女选择高等教育的意愿和需要，把这作为促进高校改革和发展的根本依据，认清形势，根据自身资源条件，坚持合理科学的定位，确立自身的特质，充分发挥自身优势。高校不仅应该尊重家庭的选择，而且应该满足社会的需要。

学术研究型大学以外的其他大学应遵循依托地方、面向地方、融入地方、突出地方特色、服务地方发展的理念，促进学校和地方之间的深度联系，促进高科技和实用技术的发展，解决经济和社会发展问题，培养可使用和可维护的人才，有序开发教育科研资源，为各类专业技术人才实现继续教育和终身教育提供服务。要实施错位发展战略，克服同质化倾向，突出异质性特点，认真分析自身条件和内外部环境、学术战略特点，完善办学理念和人才培养，建设具有比较优势的特色学科和专业群。高校要根据各自的定位，体现对经济社会发展的支持、与人才培养的契合、对科技成果转化的贡献和人民群众的意愿，成为各级各类人才培养的基础，成为知识创新的源泉，成为科研成果转化和创新创业的中心，成为文化大发展、大繁荣的阵地。

（二）分类培养，适应经济发展新常态

为适应经济发展新常态的发展趋势，要更加关注人们的需求，注重心理市场和消费者分析，引导社会预期，加强知识产权保护，充分发挥创业人才的作用，加强教育，提高人力资源素质，更加注重生态文明建设，更加注重科技进步和综合创新。

这就要求高校充分认识新常态，积极适应新常态、服务新常态，为科技进步和生产方式改革培养更多的技术人才，提高我国人力资源素质。调查显示，近一半的乡村家庭希望子女在大学毕业后成为应用型人才，这就要求高校根据自身目标和社会需求，研究构建多元化的人才培养模式。

坚持科学定位、各司其职，探索多样性，避免模式趋同。要加大资源配置力度，注重内涵建设，深化教育教学改革，努力提高科技人才培养质量，坚持创新精神，保持学生的创业和就业，走适应需求和差异化的发展道路。

各高校要准确定位人才培养目标，合理设置人才培养规格，科学制定人才培养计划，优化课程设置和课程体系，创新人才培养模式，分类构建人才培养体系。高校要以提高学生创新能力和实践技能力为核心，实施优秀人才教育培养计划，积极探索与政府部门、科研院所、工业企业共同培养人才的途径。

提高合格高校发展服务业的能力，探索系统化的高端人才培养模式。把科研和社会服务过程与人才培养过程结合起来，促进科研与教学的互动，及时将科研成果转化为教学内容，为学生提供更多的创新实践机会和前沿科学文化知识。高校要建立合作联盟，开展跨校选课和学分互认，实现优质资源利用和应用型人才协同培养，推动新教育体系的建立。

（三）调整结构，适应社会对人才的需求

研究发现，乡村家庭有不同的职业类别，不同的家庭对不同类型的专业有不同的偏好。家庭的选择是社会需求的最直接反映。因此，高校在专业设置上要有进步意识、科学意识、危机意识和竞争意识。我国大学毕业生占全国总人口比例较低，远远不能满足经济社会发展的需要。问题的核心在于高校未能积极适应社会经济的发展变化，未能适应学科和专业结构的调整，未能优化人才培养模式。在社会转型和经济转型的改善阶段，高校需要根据国家产业结构调整和人才需求的科学预测，审时度势，及时调整和改革专业的适应性，开发社会急需的新专业，改造社会需求低的老专业，逐步优化人才培养模式。

随着新高考制度的引入，高校要积极适应高考制度改革的内在要求，化挑

战为机遇，化压力为动力，明确学科定位原则，确立科学规范的学科定位，建立科学的学科体系，积极调整学科结构，及时调整和更新学科内涵，注重学科建设，根据学生变化和市场需求，努力提高办学质量。

高校要扩大专业招生范围，扩大大学生专业选择范围，在后续专业选择的过程中加强专业选择的教育和指导。高校应客观详细地介绍专业，充分反映专业对学生技能和水平的要求，及时反映专业风险。在招生和考试的宣传中，要结合考试的实际情况进行适当的引导，通过专业个性匹配测试，为考生提供专业选择建议和参考。

三、家庭配合措施

从家庭角度来看，主要有以下三个方面，如下图所示（图 7-12）。

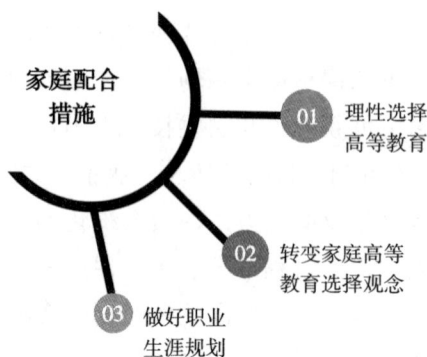

图 7-12　家庭促进乡村高等教育发展新格局的具体措施

（一）理性选择高等教育

选择一所大学的过程就是一个与收入或回报相对应的投资过程，高等教育投资也不例外。这种以利润为导向的心态是合理的，不应受到质疑。然而，在高等教育大众化深入发展的过程中，尤其是在近年来高等教育学生就业困难、中国经济发展进入新常态的背景下，乡村家庭选择高等教育面临着前所未有的风险，预期的理想收入也不确定。因此，乡村家庭应及时调整心态，合理评估高等教育的预期效益。他们不仅应该只认识到选择高等教育机构的积极作用，还应该考虑选择高等教育机构的潜在风险。

一旦高估高等教育的效益，盲目、不合理地选择高等教育，就会导致家庭福利的损失，降低家庭选择高等教育的回报率。乡村家庭应期待合理、科学的收益，充分考虑大学选择的影响，避免盲目决策。家庭应该根据自己的能力选择高等教育，而不是"随大流"和相互比较。我们应该看到选择高等教育是有风险的。如果"投资"失败，家庭财富就会减少，家庭可支配收入也会减少。特别是那些通过节衣缩食或贷款选择高等教育的乡村家庭，选择失败会迅速提高家庭负债率，并影响整个家庭成员的生活质量。

因此，家庭在选择接受高等教育时，必须根据家庭经济状况确定适当的高等教育支出比例，避免过度投资，避免教育贫困。然而，应该指出的是，乡村家庭应该看到，选择高等教育是一种不同于一般投资收益的长期行为。高等教育的选择并不能立即看到实际效益并获得理想回报。每个家庭对此都应该有一个清晰的认识，但我们不应该因此拒绝选择高等教育。家庭也应该意识到，选择高等教育永远不会像做生意一样一败涂地、失去一切，让孩子接受高等教育不是浪费金钱，肯定有潜在的好处。

（二）转变家庭高等教育选择观念

结果表明，父母是导致乡村家庭在高等教育中选择行为不同的重要因素之一。因此，家长应主动转变观念，加强自身文化修养，提高家庭高等教育选择质量。

1.正确认识和选择"名牌大学"和"普通大学"

有"望子成龙"心态的家长所占比重较大，许多家长对孩子要求很高，从小就教导孩子参加重要的考试，在考试中获得高分有机会选择更好的院校。

改革开放以来，我国形成了适应国民经济建设和社会发展需要的多种政策层次、形式、学科基本完备的社会主义高等教育体系。社会主义高等教育体系如下图所示（图 7-13）。

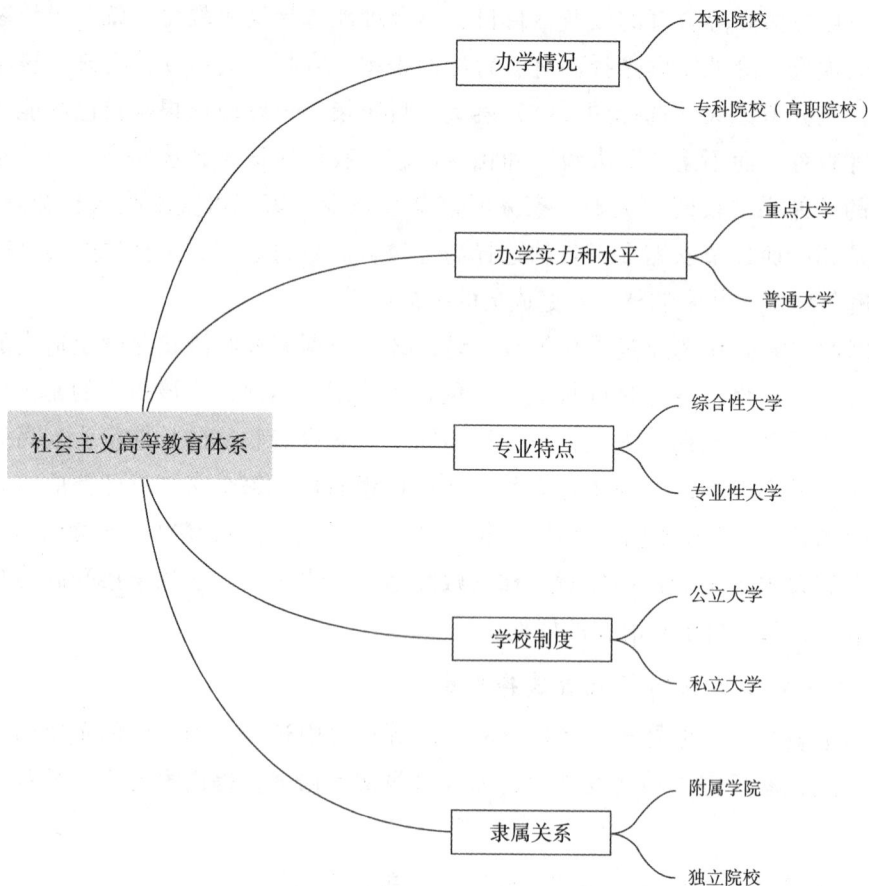

图7-13 社会主义高等教育体系

所谓存在即合理，高等教育体系往往可以根据不同的分类标准划分成不同的院校类型。除了可以按照以上的分类标准进行划分，还有一种常见的分类，即将高等院校划分为所谓的名校和普通院校。

实证研究表明，如果一些乡村家庭的经济和社会条件较差，他们倾向选择名牌大学，当有机会进入名牌院校时，不考虑进入该院校的成本。对于较低级别的学院和大学，他们往往选择放弃。更有甚者宁愿重修学业，也不愿让孩子接受高等职业教育。

事实证明，乡村家庭对高等教育的选择并不十分理性，许多家庭的选择甚至是盲目的。一般来说，名牌大学的学生在毕业找工作或寻找其他机会时，相对其他学校的学生来说相对优秀，具有更多优势。然而，随着社会不断走向公平、公正，教育并不是决定命运的唯一途径。名牌大学与理想的未来没有必然的联系，也不存在必然的通路。

在选择高等教育方面，家庭确实应该注重选择的多样化，因为社会的多样性要求教育必须多样化，这也决定了学生未来就业方向的多样化。因此，职业学校和私立大学的选择不应该是糟糕的选择，事实上也可能是更加适合的选择。选择什么类型的高校就读应根据家庭和学生的具体情况而定。

2. 要正确认识和选择公立和私立高校

调查结果显示，乡村家庭在公立和私立学校之间进行选择时，私立大学被选择的概率通常非常小。

造成家庭选择公立和私立大学比例差距大的原因有很多，家庭自身的因素起着重要作用。受传统观念的影响，家长们认为私立高校是私立的，私立高校比不上公立院校。他们的孩子上私立大学，只是因为他们不能进入公立大学，也就是说，私立院校是他们的最后选择。

因此，中国民办高校一直面临着生源危机。民办高校招生规模几乎是连年缩减的。在私立大学和学院成立之初，其最大的担忧是家长和学生无法自信地申请此类学校。国外的私立院校大受欢迎造成了这种担忧。

对于大多数希望孩子顺利找到好工作的家长来说，该校的就业率是选择学校的关键。为此，私立学院和大学正在积极研究技能培训，并致力于通过使教学内容和专业框架与社会的实际需求相匹配，促进满足市场需求的复合型实用人才的培养。

大学生们纷纷涌向城市和白领岗位，拒绝基础工作和技术工作，导致许多大学生面临"高学历，无工作"的尴尬局面。随着就业观念的逐步转变和发展，国际金融危机造成的就业形势恶化，目前，学生们的择校观念逐渐发生变化，具体反映在近年来的院校申请中，即高中毕业生开始从主要教授理论知识的公立大学转到进行技术教育的私立学校。市场需求的调整解决了大学生的就业问题，让家长逐渐相信，只要孩子有更好的就业保障，公立大学和私立大学没有区别。

在当今竞争激烈的社会，就业比纸质文凭更重要。在这种情况下，可以说民办高校更适合高考分数低、家庭条件好、在某些方面有特殊技能和兴趣的考生。在这种情况下，家庭应该对现行的高考政策和高考制度有清醒的认识，在认识自身利弊的基础上，结合过去和当年的高考信息，正确认识高考录取情况，根据自身实际确定高校的属性。另外，家庭也应该充分了解高校的类型。

当一个乡村家庭选择孩子接受高等教育的院校时，乡村的家庭必须通过教师和自己的观察，正确评估孩子的学习情况，缩小理想与现实之间的差距，正确认识孩子的实际与偏好，支持孩子选择正确的大学。

3. 正确理解男女之间的不公

研究表明，高等教育机构和大学的招生人数总体上有所增加，男女之间受教育的机会结构也在逐渐发生变化，带来这一变化的主要原因来自两个方面：

一是乡村家长的受教育水平有限，当高校招生名额受到限制时，女生的受教育机会往往会被剥夺。然而，扩招为处于乡村地区的女性带来了更多接受高等教育的机会，从而促进高等教育机会中的性别平等。

二是乡村地区妇女原有的弱势地位得到了显著改善，从而缩小了她们与男性之间的差距。乡村地区女性的社会地位提升，也体现在受教育权利得到提升方面。与扩招前相比，扩招后接受高等教育的机会正在从家庭成员文化程度较高的群体延伸到家庭成员文化程度较低的群体，以及从非乡村地区向乡村地区逐步延伸。

然而，不可否认的是，即便社会在不断进步，少数地区的中国家庭仍然不肯抛弃"重男轻女"的观念。家庭教育投资，尤其是高等教育投资也不例外，仍然更多倾斜于家中的男孩子。实证结论分析表明，在相同条件下，家庭对女孩的投资倾向于选择相对水平较低的院校。

家庭对高等教育的投资仍然存在性别差异，但与传统的家庭不支持女孩接受高等教育的观念不同，这种家庭支持女性进入层级相对较低的院校，但这种投资行为实际上仍是歧视女孩接受高等教育。调查结果表明，如果男孩只能进入较低水平的学院和大学，很大一部分家庭会选择让男孩复读，这些家庭即便增加留级成本，也要给男孩进入高等学院和大学创造机会。对于女孩来说，无论她们进入哪一级别的院校，家庭都表现出缺乏关注的态度。如果乡村家庭不肯对现状做出改变，不仅会影响国家人力资源的开发战略，甚至会影响家庭高等教育投资的效益。

4. 树立新的人才观

对于农学专业的学生来说，大多数家庭都深受传统观念的影响，他们经常把农学专业与落后的村庄联系在一起，认为自己的孩子上大学是为了在城市找工作，不应该回到家乡或从事农业工作。因此有些家庭在选择专业方面会回避农业等相关专业，而是选择更加适合城市就业的经贸专业、教育专业等热门专业。

传统的"职业观念""就业观念""职业价值"在中国仍有很大影响，大多数家庭对"乡村"相关的职业仍然不抱有积极心态，而对其他"非农业"职业的认可度更高。

家长接受小学及以下水平教育的家庭更不愿意选择应用型大学，而且大多数家庭更喜欢"学术型"和"复合型"大学。他们中的大多数人仍然停留在旧观念中，他们只希望自己的孩子将来成为学者、科学家、研究者，寻找"铁饭碗"职业。这些家庭应该尽快适应经济和社会发展的步伐，认识到学习不仅是一种找工作的手段，也是人们生活的一部分。学术人才是人才，技术人才同样也是不可多得的人才。

（三）做好职业生涯规划

2016年，教育部首次发布了《中国高等教育质量报告》。报告显示，2015年，中国在校生人数达到3700万，居世界首位，毛入学率为40%，高于全球平均水平。

2021年，教育部公示官方数据显示，我国接受高等教育的人口达到2.4亿，中国高等教育在学人口达到4430万，毛入学率达57.8%。这意味着一半以上的适龄青少年可以接受高等教育以及其他教育，这表明接受高等教育是任何学生成为现代合格公民的必要先决条件，全民族素质得到稳步提高。

学历是当今社会求职的必要敲门砖。在当今职业种类日益多样化的现实世界中，在这个越来越尊重个人独特性及个人发展的时代，乡村的高中生也希望通过高等教育成为"具有入行敲门砖"的一员。对于部分学生而言，进入高校学习是职业导向驱使，职业生涯的规划也成为每位学生的必修课，学生必须为自己的终身发展奠定基础，学会为自己思考和规划未来的职业发展路径。

职业生涯规划指在对职业的主客观条件进行测量、分析、总结和研究的基础上，综合分析和权衡自己的兴趣、爱好、技能、优势、经验和不足，结合时代特点，根据职业倾向，确定最佳职业目标，并为了实现这个目标做出有效的职业安排。

无论是高中生、大学生、硕士还是博士生，职业生涯规划都应该是在学校的第一门也是最后一门课程。职业生涯规划是一门职业课程，旨在解决人们未来如何生活的问题，这对每个人都至关重要，在他们职业生涯的每个阶段都应该经历。

因此，职业生涯规划是学生成长的一个重要话题，它受到很多因素的影响，其中家庭教育是影响学生职业生涯规划的一个重要因素。随着社会的发展，家庭教育对大学生职业生涯规划的重要性越来越大，大学生参与职业生涯规划的人数越来越多，不同的家庭教育方式对大学生的职业生涯有着不同的影响。

研究结果表明，乡村家庭的父母往往生活在社会的底层，他们对就业和人才的看法仍然是片面的。一些人认为，他们的孩子只有上高中和大学才会有前途，往往忽视孩子的综合表现特点和感受，总是为孩子上大学做好一切准备，表现出控制高等教育选择的强烈意愿。

当然，在选择大学的类型和学科时，乡村家庭会在一定程度上考虑孩子能力的因素，在充分体现父母期待子女成功的特殊情感下，也受到父母个人偏好、职业特点等主观因素的影响

因此，如果一个家庭想要为他们的孩子寻找一个理想的职业，就必须做出一个符合家庭意愿的决定，同时还可以选择符合学生自身特点的高等院校，通过职业生涯规划教育，引导孩子思考自己未来的职业。父母应该结合孩子的实际情况，包括当前的发展机会和面临的限制，提前制定未来的职业目标，为孩子选择正确职业道路的方向、教育、培训和发展计划以及为学生明确职业目标的方向。

支持学生进行必要的个人职业生涯规划可以帮助学生在学生时代选择未来将要从事的职业，打下坚实的基础，引导学生迈向未来职业岗位。高考后，家庭和学生应该更加理性，在选择专业时充分关注专业选择中的风险因素，在收集足够信息后做出合理判断，而不是盲目跟风。

同时，应该加强学生对自己职业生涯规划的思考。基于对自己的理解、对专业理解和对社会发展的理解，考生在选择专业之前应该充分了解自己的需求、兴趣、技能、个性等特点，并判断专业特点、学习内容和职业发展情况是否符合自己的性格特征。

参考文献

[1] 中国高等教育学会组.高等教育改革发展专题观察报告2019[M].北京:北京理工大学出版社,2020.

[2] 张学洪.深化高等教育改革的思考[M].北京:光明日报出版社,2016.

[3] 中国高等教育学会组.中国高等教育改革发展重大理论与实践问题研究年度报告[M].北京:北京理工大学出版社,2020.

[4] 唐一科.重庆民办高等教育改革创新与实践论文集[M].重庆:重庆大学出版社,2016.

[5] 秦梦华,张庆思,张淑增.高等教育改革与创新[M].天津:天津教育出版社,2008.

[6] 论文集编委会.互联网+时代的高等教育改革[M].北京:经济日报出版社,2017.

[7] 铁路高等教育研究所.铁路高等教育的改革实践[M].北京:中国铁道出版社,1993.

[8] 刘少雪,张应强.高等教育改革 理念与实践[M].上海:上海交通大学出版社,2007.

[9] 刘玉明.高等教育改革论丛 第1卷[M].武汉:武汉工业大学出版社,1996.

[10] 王翊覃.高等农林教育服务社会主义新农村建设研究[M].北京:九州出版社,2019.

[11] 刘尧.农村现代化与农村高等教育[M].北京:群言出版社,2005.

[12] 李国杰,杨印山.高等教育在东北老工业基地新农村建设中服务模式与路径研究[M].沈阳:辽宁民族出版社,2009.

[13] 袁利平,陈佳薇.高等教育服务乡村振兴的逻辑理路与实现路径[J].高等教育评论,2021,9(02):40-52.

[14] 覃红霞,李政.高等教育扶贫与人类命运共同体建设[J].苏州大学学报(教育科学版),2021,9(04):1-7.

[15] 申卫明.浅析高等教育与乡村教育有效衔接问题 [J].农村经济与科技，2021，32（23）：324-326.

[16] 张湘娥.乡村振兴战略背景下高职院校创业教育研究 [J].滁州职业技术学院学报，2021，20（04）：1-4＋10.

[17] 王海燕.振兴乡村教育赋能乡村振兴 [J].内蒙古教育，2021（36）：1.

[18] 孙红霞.高等职业教育助力西北偏远地区乡村振兴的路径研究 [J].农业经济，2021（12）：107-108.

[19] 王天博，徐照.乡村振兴战略下教育助力农村经济发展的探究 [J].中国市场，2021（34）：34-35.

[20] 张二威，朱瀚明，李黎明，等.乡村振兴背景下涉农高校大学生人生价值的实现研究 [J].农业开发与装备，2021（11）：7-10.

[21] 王乐，张乐.为什么上大学——乡村学生"离土"选择的教育发生考察 [J].教育研究，2021，42（11）：107-118.

[22] 张建，李梦瑶."优师生"培养的乡村教育向度及其实现 [J].青年发展论坛，2021，31（06）：4-10.

[23] 张艺玲.乡村振兴背景下民族地区职业教育的发展策略——基于临夏回族自治州的 L 校 SWOT 个案分析 [J].西北成人教育学院学报，2021（06）：30-34.

[24] 于东超.高等教育助力乡村振兴的时代诠释 [J].中国高等教育，2021（22）：53-55.

[25] 刘复兴，曹宇新.新发展阶段的乡村教育振兴：经验基础、现实挑战与政策建议 [J].西北师大学报（社会科学版），2022，59（01）：41-49.

[26] 郝文武.师范院校应努力为乡村教育振兴培养更多优质教师 [J].当代教师教育，2022，15（01）：1-7.

[27] 李俊.乡村振兴视域下大别山区域高等教育振兴研究 [J].信阳师范学院学报（哲学社会科学版），2022，42（02）：56-62.

[28] 张晓欢.乡村振兴中教育发展的政府职能研究 [J].现代营销（学苑版），2021（10）：113-115.

[29] 肖起清.新师范背景下乡村教师教育新模式探索与实践 [J].国家教育行政学院学报，2021（10）：31-37＋46.

[30] 韩嵩，秦玉友.新时代高校助力脱贫地区乡村振兴的实现路径 [J].黑龙江高教研究，2021，39（10）：1-5.

[31] 任长庆，潘亚非，孙晓慧，等.乡村振兴战略背景下职业教育"校企协同一体"创新创业发展新策略 [J].安徽农学通报，2021，27（18）：206-207.

[32] 廖霞.乡村振兴战略视域下县域高等教育发展的新思路[J].教育与考试,2021（05）：69-75.

[33] 吴凯欣,毛菊,张斯雷.学校·乡村·日常生活："城市型"新生代乡村教师身份认同危机与纾解[J].当代教育科学,2021（09）：42-50.

[34] 李凌宇.创新高职教育战略 助力乡村振兴发展——德州科技职业学院创办人民满意的高等教育纪实[J].智慧中国,2021（09）：60-65.

[35] 陈婉新,闵晓阳,蒋洪涛.教育扶贫助力乡村振兴的实践路径探析——基于发展型社会救助视角[J].农村经济与科技,2021,32（17）：295-297.

[36] 左丰亮.生态理念引领下高等教育助力乡村振兴的路径分析——评《生态振兴建设新时代的美丽乡村》[J].环境工程,2021,39（09）：228.

[37] 任磊,李书慧,杨群华,等."新农科"建设背景下涉农高校研究生教育探索[J].教育教学论坛,2021（36）：173-176.

[38] 赵降英.高质量建设乡村振兴人才培养优质校[N].温州日报,2021-08-30（006）.

[39] 夏小庆,曹长德.从标准对照到校本创生——安庆师范大学小学教育专业建设的实践探索[J].安庆师范大学学报（社会科学版）,2021,40（04）：124-128.

[40] 蔺海洋,张智慧,赵敏.学校组织文化如何影响乡村青年教师留岗意愿——组织承诺的中介效应分析[J].教育研究,2021,42（08）：142-159.

[41] 吴文秋.新时代背景下高等职业教育赋能乡村振兴的策略研究[J].数据,2021（08）：104-105.

[42] 熊少严.成就现代乡村教育人的时代风采[J].未来教育家,2021（08）：11-15.

[43] 曹彦龙.探讨高等教育助力乡村教育振兴之路[J].经济师,2021（08）：113-115.

[44] 贺祖斌,周剑清.发挥高等教育优势,服务乡村振兴战略——广西师范大学校长、博士生导师贺祖斌教授访谈[J].社会科学家,2021（08）：3-8＋173.

[45] 李俊.乡村振兴视域下大别山区域高等教育振兴研究[J].信阳师范学院学报（哲学社会科学版）,2022,42（02）：56-62.

[46] 刘舒扬.乡村振兴战略下高等职业教育助力湖北省林业产业发展的路径探究[J].湖北林业科技,2022,51（01）：76-78.

[47] 古翠凤,刘学祝.基于乡村振兴的高职创新创业教育研究[J].柳州职业技术学院学报,2022,22（01）：79-83.

[48] 李长虹,吴艳玲,高源.乡村振兴背景下吉林省高等职业教育发展现状分析[J].吉林农业科技学院学报,2022,31（01）：38-41.

[49] 孔艳艳.看兰考如何以高等职业教育带动乡村振兴[J].南方农机,2021,52（11）：62-63.

[50] 冯鑫, 马健. 城乡教育差异现状及破解路径研究 [J]. 中学政治教学参考, 2021 (22): 82.

[51] 颜晓红. 新时代农机高等教育发展路径探索与思考——以江苏大学为例 [J]. 中国农业教育, 2021, 22 (02): 21-27.

[52] 刘嘉, 钟满田. 高等职业教育助力乡村振兴: 困境与路径——以罗定职业技术学院为例 [J]. 安徽农业科学, 2021, 49 (05): 272-274.

[53] 王敏. 高校体育服务农村体育发展模式探析 [J]. 农家参谋, 2020 (19): 268.

[54] 李梦华, 陈风. 关于高等教育与农村区域经济发展的协调性研究 [J]. 山西农经, 2020 (01): 135+137.

[55] 韩永强, 戎乘阳. 我国成人教育研究回顾与未来展望——对 1992-2017 年《中国成人教育》刊文中成人教育主题文献的可视化分析 [J]. 中国成人教育, 2018 (10): 4-9.

[56] 马冀群, 沈万根. 民族高等教育在农村精准扶贫中的作用及其机制 [J]. 民族高等教育研究, 2018, 6 (03): 1-4.

[57] 孙菊生. 在 2018 年全省教育工作会议上的讲话 [J]. 江西教育, 2018 (07): 5-7.

[58] 孙涛, 邬志辉. 高等教育服务农村社会的政策支持及其反思 [J]. 高等教育研究, 2018, 39 (02): 17-21.

[59] 本刊记者. 践行共享发展理念 切实保障基本民生 [J]. 中国财政, 2017 (20): 16-18.

[60] 谌俊斐. 广东高等体育教育服务农村体育发展现状与对策 [J]. 热带农业工程, 2017, 41 (03): 74-76.

[61] 马元让. 论西部欠发达地区农村自学考试发展思路和策略 [J]. 中国考试, 2012 (12): 56-59.

[62] 苏泽超. 初探互联网对农村高等教育的影响 [J]. 佳木斯职业学院学报, 2016 (10): 265.

[63] 李哲. 农村体育发展中高等体育教育的作用研究 [J]. 新校园 (上旬), 2016 (07): 126.

[64] 赵宇虹, 王政. 欧盟农业高等教育对中国农业高级人才培养的启示——以欧盟农村发展国际硕士项目为例 [J]. 世界农业, 2016 (06): 190-193.

[65] 陈玲. 农村体育发展中高等体育教育的作用 [J]. 体育世界 (学术版), 2016 (07): 124-125.

[66] 吴霞, 孙昕光. 我国成人教育存在的问题及应对策略 [J]. 齐鲁师范学院学报, 2016, 31 (03): 10-15.

[67] 刘畅.中国高等教育入学机会城乡失衡问题探析 [J].延安大学学报（社会科学版），2012，34（06）：121-125.

[68] 张万艳.浅析农村高等职业教育发展现状及策略 [J].农业与技术，2015，35（20）：221.

[69] 蔡华健，曹慧英.高等教育新常态下的教师教育：挑战、机遇和发展路径 [J].河北师范大学学报（教育科学版），2015，17（06）：99-104.

[70] 高洁.城乡一体化进程中高职教育发展的问题及对策——以秦皇岛市为例 [J].边疆经济与文化，2015（11）：79-80.

[71] 彭拥军.挑战与应答 [M].武汉：华中师范大学出版社：高等教育与社会发展论丛，2017.

[72] 赵海豹，蒲文忠.新时期高等教育自学考试向农村发展的思考 [J].成人教育，2015，35（03）：9-11.

[73] 刘谦.我国成人高等教育发展现状与对策研究 [J].边疆经济与文化，2015（03）：77-78.

[74] 内蒙古自治区人民政府关于加快发展现代职业教育的意见 [J].内蒙古自治区人民政府公报，2015（04）：20-25.

[75] 张鹏，于伟.我国农村高等教育空间不均衡的演进和解释 [J].教育与经济，2014（06）：33-39.

[76] 杨向卫.改革开放以来我国继续教育政策法规的发展历程与价值逻辑 [J].职业技术教育，2014，35（22）：63-67.

[77] 杨从意.高等教育大众化通向农村的发展策略探析 [J].江苏高教，2014（04）：76-77.

[78] 程广斌，王永静.农业推广硕士专业学位研究生教育综合改革的实践与思考——以石河子大学农村与区域发展领域为例 [J].研究生教育研究，2013（06）：82-85.

[79] 郑玫，王瑜.探索重庆城乡统筹背景下高职教育的发展之路 [J].经济师，2013（12）：174-176.

[80] 曹晔.新中国教育结构五次大的调整及当前面临的形势 [J].河北师范大学学报（教育科学版），2013，15（11）：65-70.

[81] 张汉静.优化教育结构，促进山西教育发展方式转变 [J].山西大学学报（哲学社会科学版），2013，36（06）：141-144.

[82] 王帅.发展农村高等教育的思考与建议 [J].黑龙江高教研究，2013，31（11）：39-41.

[83] 张育花，张育丽，苏红，等.农村高等教育服务新农村建设的探索与实践 [J]. 畜牧与饲料科学，2013，34（09）：60-61.

[84] 张文栋.全面落实优先发展战略 推动教育又好又快发展 [J]. 山西教育（管理），2013（07）：3-6.

[85] 刘畅.我国农村高等教育入学机会缺失问题分析 [J]. 成都师范学院学报，2013，29（02）：115-120.

[86] 张洁.论我国职业教育法制建设的完善 [J]. 教育与职业，2013（02）：14-16.

结　语

　　中国乡村高等教育发展路径在众多教育工作者的探索和研究中正在逐步完善。中国乡村高等教育体系的核心是培养和发展具备高素质的技术型人才，多层次、多元化的培养模式可以补充中国乡村高等教育发展存在的不足。伴随我国进入经济发展新常态阶段，中国乡村高等教育成为教育发展的必然趋势。中国乡村高等教育是回应新时代对中国乡村多层次、各类型人才提出的新呼唤。在经过前人对于乡村高等教育的不断摸索和尝试之后，建设适应现代化乡村的高等教育通路，搭建一个乡村学子的直通学习平台，进而构建满足现代乡村社会需要的创新型、复合型高端技术技能人才培养的立交桥。高质量的中国乡村高等教育体系将进一步倒逼高校招生考试制度改革，提升高等教育质量，推动终身化学习型社会的构建。当下中国乡村高等教育虽然尚存不足，但是相信在各方的不断努力之下，一定可以总结出一套新时代中国乡村高等教育发展新模式，为社会发展输送更多现代化新型人才。